HEBREW Level 1   עִבְרִית שָׁלָב א'

BEHRMAN HOUSE

Bella Bergman, Editor

Dr. Sheldon Dorph
Rabbi Joel Gordon
Series Editors

Dr. Arnold J. Band
Series Consultant

שֶׁבֶט

HEBREW

A language course

LEVEL

1

שֶׁלֶב

BEHRMAN HOUSE, INC.

Designer   *Ariel Wardi*

Project Coordinator   *Priscilla Fishman*

Illustrations copyright © 1981 by   *Nurit Karlin*

Picture Credits   *Institute of Archaelogy, The Hebrew University 14, 16, 50, 57, 59, 79, 81, 101, 149, 174, 184, 195, 197, 198, 199, 208; Israel Department of Antiquities and Museums 61, 65, 84, 128, 132, 145, 202, 215, 230, 242; Israel Government Press Office 46, 47, 56, 71, 109, 135, 200, 201; Israel Museum 17, 21, 28, 87, 121, 182, 192; Israel Tourist Office 62, 151, 207; Keren Hayesod 186; Shrine of the Book 74; David Harris 95, 242.*
The chart on p. 28 was provided courtesy of Ruth Hestrin, Curator, Israelite and Persian Periods, the Israel Museum, Jerusalem; drawn by Ada Yardeni.

Library of Congress Cataloging in Publication Data
Main entry under title:

Hebrew level 1.

    Includes index.
    1. Hebrew language — Grammar — 1950–
I. Bergman, Bella. II. Title: Hebrew level one.
III. Title: Ivrit shalav alef.
PJ4567.3.H4   492.4'82421   81–12245
ISBN 0–87441–331–1   AACR2

87 86

Manufactured in the United States of America

SPECIAL ACKNOWLEDGMENTS

I wish to express my affection and admiration for

Dr. Arnold J. Band
Mrs. Ora Band
Mrs. Bella Bergman
Mrs. Rosalie Gershenzon
Rabbi Joel Gordon
Mrs. Lois Rothblum.

Without their dedication, hard work and love of the Hebrew language, this text would not be a reality — *Dr. Sheldon Dorph*

My personal thanks to Ora Band for her valuable assistance in preparing this text for publication — *Bella Bergman*

Cover photo by Bill Aron.

DEDICATION

This book is respectfully dedicated
to the memory of

SAMUEL AND ESTHER GORDON

who cherished the Proverb of Solomon:
"To know wisdom and instruction;
to comprehend the words of understanding;
to receive the discipline of wisdom,
justice and right and equity."

Foreword

עִבְרִית, שָׁלָב א' is the first of three textbooks in a Hebrew language course designed specifically for English-speaking students who have few hours per week to devote to the study of the Hebrew language. It is the joint product of a team of experienced teachers working in both classroom settings and in seminars where teaching experiences were compared and meticulously analyzed under the direction of a language-instruction consultant. The goal of this program is the achievement of a variety of language skills: reading comprehension, conversational facility, and writing ability.

This language course has been developed after a realistic assessment of the framework in which we teach. We assume that the student attends a limited number of hours of language instruction each week. We realize that the student thinks in English rather than in Hebrew. To maximize the effectiveness of instruction in the few hours available, we stress both a structured, cognitive approach to language acquisition, as well as contrastive analysis between the student's native language, English, and the second language, Hebrew. While it is desirable to include conversation in the classroom, that is not our primary language goal. We seek, rather, to lay the foundations for acquisition of a multi-skilled familiarity with the Hebrew language. If any one aspect is given preference, it is literacy, obviously the skill to be cultivated in our environment.

The intake of grammatical and lexical items in this course has been carefully graded and limited, in keeping with the hours available. We assume that the student beginning עִבְרִית, שָׁלָב א' has already learned how to read the Hebrew characters and is familiar with a vocabulary of some 150 words which are essentially culture-bound and frequently used. From this modest base we advance methodically until, at the end of שָׁלָב ג', the student has acquired a Hebrew vocabulary of about 900 words, and has mastered the most important functional items of Hebrew grammar. At that point, the student is equipped to progress in any of several directions: toward study of the Bible, reading simple literature, or more advanced conversation.

Each unit in this textbook is structured with this goal in mind. It begins with a vocalized reading passage that contains the lexical and grammatical items to be learned in the unit. The reading selection is followed by a lucid presentation of a grammatical principle, which explains the basic concept and compares the Hebrew and English linguistic structures. A variety of exercises reinforce the student's comprehension of the story and provide active practice in the grammatical items. Beginning with Unit 4, the reading passage is reproduced without vocalization at the end of the lesson, so that the student will become accustomed to reading both vocalized and unvocalized Hebrew early in the language program. After Unit 2, additional reading *material is provided, to enrich the student's encounter with the Hebrew language.*

The success of this method has been demonstrated in classroom situations where the language program has undergone testing. The units have been revised and rewritten in the light of practical experience, and the response of students and teachers has been most gratifying. The students find the reading selections interesting and the grammar comprehensible. The teachers enjoy a sense of direction and purpose, since they can track the logical progression of language acquisition from step to step. Precisely because the intake of both grammatical and lexical items is carefully graded and controlled, progress up the ladder of language achievement can be measured. Since both partners in the learning process know where they are and where they are going, their awareness of progress is keen and reassuring.

ARNOLD J. BAND

University of California, Los Angeles

X

שָׁלוֹם!

Here is an introductory chapter for *Hebrew, Level 1*. It will help you and your teacher find out how much Hebrew you already know.

תְּפִלָּה שֶׁל יֶלֶד

הַמּוֹרֶה אוֹמֵר לַיְלָדִים בַּכִּתָּה:
הַיּוֹם יֵשׁ לִי סִפּוּר יָפֶה עַל[1] יֶלֶד קָטָן.

¹about

הַשֵּׁם שֶׁל הַיֶלֶד דָּוִד. דָּוִד בְּכִתָּה א' בְּבֵית-הַסֵּפֶר.
הוּא יֶלֶד טוֹב וְהוּא תַּלְמִיד טוֹב. הוּא לוֹמֵד אֶת
הָאָלֶף-בֵּית.   5

בְּרֹאשׁ הַשָּׁנָה דָּוִד הוֹלֵךְ לְבֵית-הַכְּנֶסֶת עִם הַמִּשְׁפָּחָה.
הוּא יוֹשֵׁב עִם אַבָּא וְאִמָּא, וְשׁוֹמֵעַ אֶת הַתְּפִלוֹת
שֶׁל הַחַזָּן. הוּא שׁוֹמֵעַ אֶת הַשּׁוֹפָר. הוּא שׁוֹמֵעַ אֶת

¹people ²praying

הָרַב מְדַבֵּר. הוּא רוֹאֶה אֶת הָאֲנָשִׁים[1] מִתְפַּלְלִים[2].

¹to pray ²but

גַּם הוּא רוֹצֶה לְהִתְפַּלֵּל[1] עִם הָאֲנָשִׁים, אֲבָל[2] הוּא   10

¹to read

לֹא יוֹדֵעַ לִקְרֹא[1] אֶת הַתְּפִלוֹת.
הָאֲנָשִׁים עוֹמְדִים לְהִתְפַּלֵּל. גַּם דָּוִד עוֹמֵד וְרוֹצֶה
לְהִתְפַּלֵּל. הוּא אוֹמֵר לֵאלֹהִים: "אֱלֹהִים, אֲנִי יֶלֶד
טוֹב. אֲנִי רוֹצֶה לְהִתְפַּלֵּל עִם כָּל הָאֲנָשִׁים. אֲנִי
רוֹצֶה לְהִתְפַּלֵּל לְשָׁנָה טוֹבָה, לְשָׁנָה שֶׁל שָׁלוֹם,   15

1

לְשָׁנָה שֶׁל בְּרָכָה. בְּבַקָּשָׁה אֱלֹהִים, אֲנִי רוֹצֶה
לְהִתְפַּלֵּל, אֲבָל אֲנִי לֹא יוֹדֵעַ לִקְרֹא אֶת הַסִּדּוּר.
אֲנִי לֹא יוֹדֵעַ לִקְרֹא אֶת הַתְּפִלּוֹת. אֲבָל אֲנִי יוֹדֵעַ
לִקְרֹא אֶת הָאָלֶף־בֵּית. אַתָּה, אֱלֹהִים, יוֹדֵעַ אֶת
הַכֹּל[1].

[1]everything

[1]make

20

אֲנִי אוֹמֵר אֶת הָאָלֶף־בֵּית, וְאַתָּה עוֹשֶׂה[1]
מִן הָאָלֶף־בֵּית תְּפִלּוֹת."

דָּוִד מִתְפַּלֵּל:

"א, ב, ג, ד, ה, ו, ז, ח, ט, י, כ, ל, מ, נ, ס, ע, פ, צ, ק, ר, שׁ, ת.

תּוֹדָה, אֱלֹהִים, תּוֹדָה, וְשָׁנָה טוֹבָה."

תַּרְגִּילִים

A. Circle the word that completes the sentence according to the story.

0 הַשֵּׁם שֶׁל הַיֶּלֶד (דָּוִד) מֹשֶׁה.
1 דָּוִד לוֹמֵד אֶת הַתּוֹרָה (הָאָלֶף־בֵּית).
2 בְּרֹאשׁ הַשָּׁנָה דָּוִד הוֹלֵךְ לְבֵית־הַסֵּפֶר (לְבֵית־הַכְּנֶסֶת).
3 הוּא יוֹשֵׁב וְ אוֹמֵר (שׁוֹמֵעַ) אֶת הַתְּפִלּוֹת.
4 דָּוִד מְדַבֵּר אֶל (אֱלֹהִים) אַבָּא וְאִמָּא.
5 דָּוִד יוֹדֵעַ (לֹא יוֹדֵעַ) לִקְרֹא אֶת הַסִּדּוּר.

B. Circle the word in each Hebrew sentence that means the same as the English word(s) to the left.

English	Hebrew
we	0 (אֲנַחְנוּ) לוֹמְדִים עִבְרִית.
the table	1 הָעִפָּרוֹן עַל (הַשֻּׁלְחָן).
very	2 הַסִּפּוּר טוֹב (מְאֹד).
the head	3 דָּן עוֹמֵד עַל (הָרֹאשׁ).
and she	4 הוּא (וְהִיא) הוֹלְכִים לְבֵית־הַסֵּפֶר.
where	5 (אֵיפֹה) אַתֶּם יוֹשְׁבִים?
big	6 זֶה בַּיִת (גָּדוֹל) וְיָפֶה.
see	7 מָה אַתָּה (רוֹאֶה) בַּכִּתָּה?
gives	8 הַמּוֹרֶה (נוֹתֵן) סֵפֶר לְמֹשֶׁה.
in the morning	9 הִיא לוֹמֶדֶת בְּבֵית־הַסֵּפֶר (בַּבֹּקֶר).
my	10 הַכִּסֵּא בַּחֶדֶר (שֶׁלִּי).

Exercises in Hebrew Script Writing

Here are the print—forms of the Hebrew letters and their script equivalents. This list is not arranged according to the *alef-bet*. Rather, the letters are grouped according to their similarity of written form, and in the order of increasing complexity.

Practice writing the letters in the lines provided.

	Script	Print
	ך	ך
	ה	ה
	ח	ח
	ת	ת
	ק	ק
	כ	כ
	ך	ן
	ב	ב
	פ	פ
	ד	ד
	צ	צ

Script	Print
	ס
	ם
	ע
	י
	ו
	ן
	נ
	מ
	ט
	א
	ש
	ל
	צ
	ף
	ג
	ז

תַּרְגִּילִים

A. Write the following words in script.

8 שֶׁקֶט	_____		1 בֵּית־סֵפֶר	_____
9 מְזוּזָה	_____		2 חֲנֻכָּה	_____
10 כֶּסֶף	_____		3 מַזָּל טוֹב	_____
11 עֵץ	_____		4 יְרוּשָׁלַיִם	_____
12 מַצָּה	_____		5 גַּן	_____
13 גַּם	_____		6 הוֹלֵךְ	_____
14 אֶרֶץ יִשְׂרָאֵל	_____		7 צְדָקָה	_____

B. Write the following sentences in script.

1 הַיֶּלֶד לוֹמֵד אֶת הָאָלֶף־בֵּית. _____

2 הוּא יוֹשֵׁב עִם הַמִּשְׁפָּחָה. _____

3 דָּוִד שׁוֹמֵעַ אֶת הַתְּפִלּוֹת. _____

4 דָּוִד רוֹצֶה לְהִתְפַּלֵּל. _____

5 אֲנִי לֹא יוֹדֵעַ לִקְרֹא. _____

Now cover the *printed* sentences and read what you have written.

C. Write the Hebrew translations of these English words in the crossword-puzzle boxes. If you have trouble, the Hebrew words below the puzzle will be helpful.

Across

1 big
3 chair
5 table
7 my, mine
9 king
10 notebook

Down

2 window
3 dog
4 man
6 she studies
8 blackboard

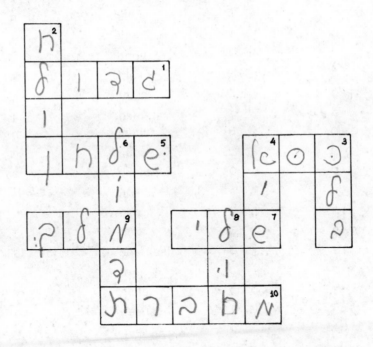

לוֹמֶדֶת / שֻׁלְחָן / שֶׁלִּי / חַלּוֹן / כִּסֵּא / מַחְבֶּרֶת / לוּחַ / מֶלֶךְ
גָּדוֹל / כֶּלֶב / אִישׁ

The Hebrew Alphabet

Printed Form	Written Form	Name of Letter	Trans- literation
א	lc	ah-leph	silent
בּ	פּ	beht	b
ב	פ	veht	v
ג	∂	gee-mel	g
ד	૱	dah-let	d
ה	૭	heh	h
ו	l	vahv	v
ז	৮	zah-yin	z
ח	n	ḥeht	ḥ
ט	૯	teht	t
י	ı	yohd	y
כ	כ	kahf	k
כ ך	ק Ͻ	khahf	kh
ל	∫	lah-med	l
מ ם	p N	mem	m
נ ן	l J	nun	n
ס	o	sah-mekh	s
ע	צ	ah-yin	*silent*
פ	ә	peh	p
פ ף	৪ ә	feh	f
צ ץ	৪ 3	tsah-dee	ts
ק	ף	kof	q
ר	ᴄ	rehsh	r
שׁ	৫	sheen	sh
שׂ	৫	seen	s
ת ת	n Ɲ	tav	t

יְחִידָה 1

חָבֵר טוֹב

בֵּית-סֵפֶר. הַתַּלְמִידִים יוֹשְׁבִים בַּכִּתָּה.
מוֹרָה חֲדָשָׁה[1] בָּאָה אֶל הַחֶדֶר.

¹new

הַמּוֹרָה: שָׁלוֹם תַּלְמִידִים. הַיּוֹם אֲנַחְנוּ לוֹמְדִים
עִבְרִית. מִי כּוֹתֵב[1] וְקוֹרֵא[2] עִבְרִית?

¹writes ²reads

שִׁמְעוֹן: אֲנִי קוֹרֵא עִבְרִית, אֲבָל[1] אֲנִי לֹא כּוֹתֵב. 5

¹but

הַמּוֹרָה: מִי מְדַבֵּר עִבְרִית?

לֵאָה: אֲנִי מְדַבֶּרֶת עִבְרִית, אֲבָל גַּם אֲנִי לֹא כּוֹתֶבֶת.

דָּן וְדִינָה: אֲנַחְנוּ קוֹרְאִים וְגַם כּוֹתְבִים.

יוֹסִי: אֲנִי חָכָם[1]. אֲנִי מְדַבֵּר, כּוֹתֵב, וְקוֹרֵא עִבְרִית.

¹smart

הַמּוֹרָה: יָפֶה מְאֹד, יוֹסִי. אַתָּה יֶלֶד חָכָם. 10

יוֹסִי: יֵשׁ לִי[1] חָבֵר טוֹב וְגַם הוּא חָכָם.

¹I have

אֲבָל הוּא לֹא לוֹמֵד. הוּא לֹא מְדַבֵּר,
לֹא כּוֹתֵב, וְלֹא קוֹרֵא עִבְרִית.

הַמּוֹרָה: מַדּוּעַ[1] הֶחָבֵר שֶׁלְּךָ[2] לֹא לוֹמֵד
בְּבֵית-הַסֵּפֶר? 15

¹why ²your

יוֹסִי: טוֹב! מָחָר[1] אֲנִי בָּא עִם[2] הֶחָבֵר שֶׁלִּי.

¹tomorrow ²with

בַּבֹּקֶר הַתַּלְמִידִים יוֹשְׁבִים בַּכִּתָּה.

9

¹asks   הַמּוֹרָה: (שׁוֹאֶלֶת¹) יוֹסִי, אֵיפֹה הֶחָבֵר שֶׁלְּךָ?

¹near   יוֹסִי: הִנֵּה הוּא! הוּא יוֹשֵׁב עַל-יַד¹ הַכִּסֵּא שֶׁלִּי.

עַל-יַד יוֹסִי יוֹשֵׁב כֶּלֶב קָטָן וְיָפֶה.

מִלּוֹן

new	חָדָשׁ, חֲדָשָׁה
I, you, he write(s)	כּוֹתֵב
I, you, he read(s), call(s)	קוֹרֵא
but	אֲבָל
smart, wise	חָכָם
I have	יֵשׁ לִי
why	מַדּוּעַ
your(s) (m.)	שֶׁלְּךָ
tomorrow	מָחָר
with	עִם
I, you, she ask(s)	שׁוֹאֶלֶת
near	עַל-יַד

תַּרְגִּילִים

A. Circle the word or phrase that best completes the sentence according to the story.

0 הַתַּלְמִידִים לוֹמְדִים (עִבְרִית) סִפּוּר .

1 הַתַּלְמִידִים יוֹשְׁבִים בַּבַּיִת בְּבֵית-הַסֵּפֶר .

2 יוֹסִי וְלֵאָה מְדַבְּרִים כּוֹתְבִים עִבְרִית.

3 הֶחָבֵר שֶׁל יוֹסִי קוֹרֵא לֹא קוֹרֵא עִבְרִית.

4 יוֹסִי בָּא אֶל בֵּית-הַסֵּפֶר עִם חָבֵר מוֹרָה .

5 הֶחָבֵר שֶׁל יוֹסִי כֶּלֶב קָטָן יֶלֶד קָטָן .

B. Read the story and answer כֵּן or לֹא. If the sentence is incorrect, rewrite it.

0 שִׁמְעוֹן כּוֹתֵב עִבְרִית. _לֹא_

_____שמעון קורא עברית_____

1 הַמּוֹרָה מְדַבֶּרֶת אֶל הַתַּלְמִידִים. _____

_____

2 שִׁמְעוֹן, דָּן וְדִינָה קוֹרְאִים עִבְרִית. _____

_____

3 הֶחָבֵר שֶׁל יוֹסִי לוֹמֵד בְּבֵית-הַסֵּפֶר. _____

_____

4 הֶחָבֵר שֶׁל יוֹסִי יוֹשֵׁב עַל-יַד הַמּוֹרָה. _____

_____

5 הַכֶּלֶב חָבֵר טוֹב. _____

_____

C. Read and translate.

0 הַיוֹם אֲנַחְנוּ לוֹמְדִים עִבְרִית.

Today we are studying Hebrew.

1 הַתַּלְמִידִים מְדַבְּרִים, כּוֹתְבִים וְקוֹרְאִים עִבְרִית.

_____

_____

2 הַמּוֹרָה שׁוֹאֶלֶת: מִי מְדַבֵּר עִבְרִית?

_____

_____

3 יוֹסִי אוֹמֵר: אֲנִי בָּא עִם הֶחָבֵר שֶׁלִי.

_____

_____

4 בַּבֹּקֶר הַתַּלְמִידִים יוֹשְׁבִים בַּכִּתָּה.

_____

_____

5 כֶּלֶב קָטָן וְיָפֶה יוֹשֵׁב עַל־יַד הַכִּסֵּא שֶׁל יוֹסִי.

_____

_____

Nouns: Masculine and Feminine Gender

In English, we associate some nouns with men and some with women.

	Men	Women
people's names	David	Rachel
relatives	uncle	aunt
professions	actor	actress
animals	rooster	hen

We call those nouns we associate with men **masculine.**
We call those nouns we associate with women **feminine.**

In English, most nouns have no specific gender. We do not usually associate a rock or a building as masculine or feminine.

In Hebrew, **all nouns are either masculine or feminine.**

The word סֵפֶר is masculine.
The word כִּפָּה is feminine.

The masculine noun in the singular form may end in many ways.

	Masculine
student	תַּלְמִיד
uncle	דּוֹד
book	סֵפֶר
holiday	חַג
Joseph	יוֹסֵף

The feminine singular noun frequently ends in הָ.

Feminine

student	תַּלְמִידָה
aunt	דּוֹדָה
Torah	תּוֹרָה
year	שָׁנָה
Rebecca	רִבְקָה

For some words, the feminine singular ending is a ת.

daughter	בַּת
prayer shawl	טַלִּית
door	דֶּלֶת
notebook	מַחְבֶּרֶת

Inscription found in excavations at the Western Wall, Jerusalem. It directs the priests of the Second Temple "to the place of the trumpeting."

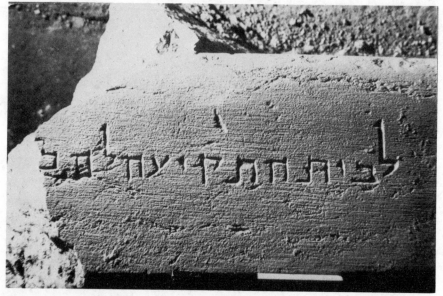

תַּרְגִּילִים

A. Here are some people whom you will meet in this textbook.
Write **M** next to a boy's name, and **F** next to a girl's name.

___ יָרוֹן	M בִּנְיָמִין	F רָחֵל	M דָּוִד
M יוֹסֵף	F שׁוֹשַׁנָּה	M דָּנִי	F שָׂרָה
F דְּבוֹרָה	F אֲבִיבָה	F דִּינָה	F לֵאָה
M רְאוּבֵן	M דֹּב	F רוּת	M יוֹסִי
M שִׁמְעוֹן	F מִרְיָם	M מִיכָאֵל	M שְׁלֹמֹה

B. Put each noun in the masculine or the feminine column.

Feminine	Masculine	
		מוֹרֶה
מוֹרָה	מוֹרֶה	מוֹרָה
		יֶלֶד
		חַזָּן
		אִמָּא
		דֶּלֶת
		כֶּלֶב
		מַלְכָּה
		מֶלֶךְ
		סֵפֶר
		כִּתָּה
		בַּת
		מְנוֹרָה
		כִּסֵּא
		עִפָּרוֹן
		מַחְבֶּרֶת
		מִשְׁפָּחָה
		יוֹם
		חֲבֵרָה
		שָׁבוּעַ

The Siloam tunnel dug by order of Hezekiah, King of Judah, to bring water within the city walls of Jerusalem. The inscription (c. 701 B.C.E.) tells how two groups of workmen dug from opposite ends until they heard each other's voices and "hewed each man toward his fellow, axe against axe."

Nouns: Singular and Plural

In English, nouns appear either as singular (book) or plural (books).
In English we generally add "s" and sometimes "es" to make the plural.

In Hebrew, since every noun has a gender (masculine or feminine), **there is a distinctive plural ending for each gender.**

masculine   ים‏◌   תַּלְמִידִים   תַּלְמִיד

Masculine nouns form their plural by adding ים‏◌ to the singular.

feminine   וֹת‏□   תַּלְמִידוֹת   תַּלְמִידָה

Feminine nouns form their plural by dropping ◌ָה and adding וֹת‏□.

Here are the plurals of some nouns you already know.

תַּלְמִידוֹת	תַּלְמִידָה	תַּלְמִידִים	תַּלְמִיד
דוֹדוֹת	דוֹדָה	דוֹדִים	דוֹד
מוֹרוֹת	מוֹרָה	סִדּוּרִים	סִדּוּר
כִּפּוֹת	כִּפָּה	סִפּוּרִים	סִפּוּר

תַּרְגִּילִים

A. Put each of the following nouns in the singular or the plural column.

דּוֹדִים / יַלְדָּה / כְּלָבִים / מַחְבֶּרֶת / חֲבֵרִים / כִּתּוֹת / תּוֹרָה
בֹּקֶר / חַגִּים / מַחְבָּרוֹת / שׁוֹפָר / בַּיִת

Plural	Singular
דּוֹדִים	יַלְדָּה

B. Change the following words to plural. Remember, you must decide if each word is masculine or feminine.

סֻכָּה	סִפּוּרִים	סִפּוּר
עֵץ		דּוֹד
תַּלְמִידָה		כִּפָּה
מְזוּזָה		תַּלְמִיד
סִדּוּר		מַצָּה

The Definite Article

a book	סֵפֶר
the book	הַסֵּפֶר

English has an indefinite article **a** as in *a book*.
Hebrew has no indefinite article.
סֵפֶר means either *book* or *a book*.

English has a definite article **the.** The definite article tells us that we are talking about a specific object.
In Hebrew, the definite article הַ is attached to the beginning of the word to make it definite.

$$\text{הַ} + \text{סֵפֶר} = \text{הַסֵּפֶר}$$

the book	הַסֵּפֶר	the students	הַתַּלְמִידִים
the girl	הַיַּלְדָּה	the teachers	הַמּוֹרוֹת

תַּרְגִּיל

A.   Write each of the following words next to its English equivalent.

מוֹרֶה / הָאֵם / מַחְבֶּרֶת / חֶדֶר / תַּלְמִידָה / הַמּוֹרֶה / הַכֶּלֶב
/ הַחֶדֶר / אֵם / הַכִּתָּה /

a notebook	_מַחְבֶּרֶת_	the dog	_____
a teacher	_____	the teacher	_____
a student	_____	the mother	_____
a mother	_____	the class	_____
a room	_____	the room	_____

Present Tense (הֹוֶה): Masculine Singular

דָּוִד יוֹשֵׁב   David sits, is sitting, does sit

אִישׁ אוֹמֵר   a man says, is saying, does say

מוֹרֶה עוֹמֵד   a teacher stands, is standing, does stand

Each of these **present tense** verbs is a **masculine singular form.**
Each verb follows a masculine singular noun.

Notice that **each verb has three consonants and a similar vowel pattern:**

the vowel וֹ (חוֹלָם) between the first and
second consonants

the vowel ◌ֵ (צֵירֶה) under the second consonant

We call the **three consonants** a **root** (שׁרֶשׁ).

In this book we will use ◻ to stand for each letter of the שׁרֶשׁ.

The **pattern for the masculine singular in the present tense is**
◻◻וֹ◻

Other examples of masculine singular verbs are

writes	כּוֹתֵב	
walks	הוֹלֵךְ	
asks	שׁוֹאֵל	
learns studies	לוֹמֵד	

In Hebrew, each present tense verb form has several English equivalents.

writes, is writing, does write   כּוֹתֵב

asks, is asking, does ask   שׁוֹאֵל

Present Tense (הֹוֶה): Feminine Singular

Esther sits	אֶסְתֵּר יוֹשֶׁבֶת
the daughter walks	הַבַּת הוֹלֶכֶת
the teacher stands	הַמּוֹרָה עוֹמֶדֶת

This is the **feminine singular form of the present tense.**
The שֹׁרֶשׁ and the וֹ (חוֹלָם) are similar to the masculine ⬜⬜וֹ⬜.
A ת (the sign of the feminine) has been added at the end,
and the vowel ⬜ (סֶגּוֹל) is under the second and third consonants
of the שֹׁרֶשׁ.

The **vowel pattern** is ⬜ת⬜⬜וֹ⬜.

Here are examples of feminine singular verbs.

לוֹמֶדֶת שׁוֹאֶלֶת אוֹמֶרֶת כּוֹתֶבֶת

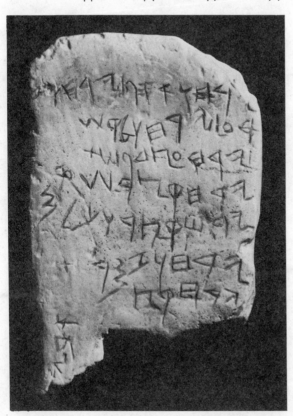

The Gezer calendar
(10th century B.C.E.)
is the most ancient
document written in
Hebrew.

Present Tense (הֹוֶה): Plural

Masculine Plural

the teachers stand	הַמּוֹרִים עוֹמְדִים
the students sit	הַתַּלְמִידִים יוֹשְׁבִים
the boys walk	הַיְלָדִים הוֹלְכִים

Feminine Plural

the teachers stand	הַמּוֹרוֹת עוֹמְדוֹת
the students sit	הַתַּלְמִידוֹת יוֹשְׁבוֹת
the girls walk	הַיְלָדוֹת הוֹלְכוֹת

In the plural form of the verb, a **plural ending** has been added.

masculine	ים☐
feminine	וֹת☐

The **basic vowel pattern** is ☐וֹ☐☐וֹת ☐וֹ☐☐ים

Here are examples of plural verbs.

Feminine	Masculine
לוֹמְדוֹת	לוֹמְדִים
כּוֹתְבוֹת	כּוֹתְבִים
אוֹמְרוֹת	אוֹמְרִים
עוֹמְדוֹת	עוֹמְדִים

We can organize these four **present tense forms** in a table.

	Feminine	Masculine
Singular	יוֹשֶׁבֶת	יוֹשֵׁב
Plural	יוֹשְׁבוֹת	יוֹשְׁבִים

23 / יחידה אחת

A. Write the singular forms of each of the following verbs.

Feminine	Masculine	שֹׁרֶשׁ
_כּוֹתֶבֶת_	_כּוֹתֵב_	כתב√
		אמר√
		שאל√
		נתן√
		למד√
		הלך√

B. Write the plural forms of each of the following verbs.

Feminine	Masculine	שֹׁרֶשׁ
_כּוֹתְבוֹת_	_כּוֹתְבִים_	כתב√
		הלך√
		למד√
		ישב√
		אמר√
		ידע√

Note: The √ sign will be used to indicate the שֹׁרֶשׁ of a verb.

C. Complete each sentence with the proper form of the שֹׁרֶשׁ.

0 הוּא כתבָ√ ‏_כּוֹתֵב_‏ ‏_____‏ סֵפֶר.

1 אִמָּא אמרָ√ ‏_____‏ ״שָׁלוֹם״.

2 הַיֶּלֶד קראָ√ ‏_____‏ סִפּוּר.

3 הַתַּלְמִידִים למדָ√ ‏_____‏ בְּבֵית-הַסֵּפֶר.

4 הַכֶּלֶב ישבָ√ ‏_____‏ עַל-יַד הַכִּסֵּא.

5 רוּת כתבָ√ ‏_____‏ לְאִמָּא.

6 הַיַּלְדָּה ישבָ√ ‏_____‏ בַּבַּיִת.

7 הַמּוֹרֶה שאלָ√ ‏_____‏ שְׁאֵלוֹת.

8 הַתַּלְמִידוֹת הלךָ√ ‏_____‏ לַכִּתָּה.

√ אהב

Basic Verbal Sentence

In Hebrew, as in English, **a sentence** is a string of words, arranged in a certain order to convey **a complete thought.** Each word in a sentence has a certain function.

Normally a sentence has two major parts: a subject **s** and a verb **v.**

Ruth	says
s	v

רוּת	אוֹמֶרֶת
s	v

(right-to-left: אוֹמֶרֶת rut; v over אוֹמֶרֶת, s over רוּת)

Dan	walks
s	v

דָּן	הוֹלֵךְ
v	s

The **subject** is the **person or thing which performs the action** of the sentence.
The **verb** tells us the **kind of action** taking place.

In both Hebrew and English the verb normally follows the subject.

Noun-Verb Agreement

As in English, **the subject and the verb must agree.**

In **gender,** we match masculine with masculine, and feminine with feminine.

In **number,** we match singular with singular, and plural with plural.

The student (m.) sits.	הַתַּלְמִיד יוֹשֵׁב.
The student (f.) sits.	הַתַּלְמִידָה יוֹשֶׁבֶת.
The students (m.) sit.	הַתַּלְמִידִים יוֹשְׁבִים.
The students (f.) sit.	הַתַּלְמִידוֹת יוֹשְׁבוֹת.

תַּרְגִּילִים

A. Draw a line from the subject in the middle of the circle to the verbs that correctly agree with it.

B. Make up 8 sentences by choosing one word or phrase from each column.

א	ב	ג
הַכֶּלֶב	אוֹמֶרֶת	שָׁלוֹם
דָּן	יוֹשֵׁב	עִבְרִית
רוּת	כּוֹתְבִים	בַּכִּתָּה
רָחֵל וְרִבְקָה	כּוֹתֵב	עַל-יַד הַבַּיִת
הַתַּלְמִידִים	יוֹשְׁבוֹת	סִפּוּר
אֲנִי	מְדַבֶּרֶת	תְּפִלָּה

0   הַכֶּלֶב יוֹשֵׁב עַל-יַד הַבַּיִת.

1 _____

2 _____

3 _____

4 _____

5 _____

6 _____

7 _____

8 _____

Serabit el Khadem, Sinai, Proto-Canaanite, 1500 B.C.E.

Beth-Shemesh Ostracon, Proto-Canaanite, 1200 B.C.E.

Ahiram Sarcophague Phoenician, 1000 B.C.E.

Gezer Calendar, Hebrew, end of 10th century B.C.E.

Mesha Stele, Hebrew, mid-9th century B.C.E.

Kilamu Inscription, Phoenician, late 9th century B.C.E.

Siloam Inscription, Hebrew, late 8th century B.C.E.

Hebrew Seals, 7th century B.C.E.

Hebrew Ostraca, Arad, early 6th century B.C.E.

Elephantine Papyrus, Aramaic, late 5th century B.C.E.

Leviticus Scroll, Qumran, Paleo-Hebrew, late 2nd century B.C.E.

Samaritan Manuscript, 13th century C.E.

Isaiah Scroll I, Qumran, Square Hebrew, late 2nd century B.C.E.

Classical Greek Script

Latin Script

Nabataean Script, 1st century B.C.E.

Classical Arabic Script

יְחִידָה 2

אֵיפֹה הַמּוֹרֶה הַיּוֹם?

יוֹם אֶחָד דָּן הָלַךְ לְבֵית-הַסֵּפֶר. הוּא בָּא לַכִּתָּה,
וְהַמּוֹרֶה לֹא הָיָה¹ בַּחֶדֶר.

¹was

דָּן אָמַר לַתַּלְמִידִים: "אֲנִי הַמּוֹרֶה!"

יוֹסֵף קָם¹ וְצָעַק²: "לֹא, הוּא לֹא הַמּוֹרֶה!
אֲנִי הַמּוֹרֶה!"

¹got up ²shouted

5

הַתַּלְמִידִים אָמְרוּ: "אֲנַחְנוּ רוֹצִים אֶת דָּן.
דָּן תַּלְמִיד טוֹב. הוּא הַמּוֹרֶה."

יוֹסֵף אָמַר: "בְּסֵדֶר¹, דָּן הַמּוֹרֶה וְלֹא אֲנִי."

¹O.K.

דָּן עָמַד¹. הוּא לָקַח² גִּיר³ וְכָתַב עַל הַלּוּחַ:
אֵיפֹה הַמּוֹרֶה הַיּוֹם?

¹stood ²took ³chalk

10

יוֹסֵף אָמַר: "הַמּוֹרֶה חוֹלֶה¹."

¹sick

רוּת אָמְרָה: "הַמּוֹרֶה בְּנְיוּ-יוֹרְק."

אֲבִיבָה וּמֹשֶׁה אָמְרוּ: "הַמּוֹרֶה יָשֵׁן¹."

¹is sleeping

דָּן אָמַר: "טוֹב! עַכְשָׁו¹ כָּל אֶחָד² כּוֹתֵב סִפּוּר:

¹now ²everyone

"מַדּוּעַ הַמּוֹרֶה לֹא בָּא הַיּוֹם לְבֵית-הַסֵּפֶר."

15

הַתַּלְמִידִים שָׂמְחוּ¹. הֵם לָקְחוּ מַחְבָּרוֹת.
הֵם יָשְׁבוּ וְכָתְבוּ בְּשֶׁקֶט.

¹were happy

29

¹noise

הַמּוֹרֶה בָּא וְעָמַד עַל־יַד הַדֶּלֶת וְלֹא שָׁמַע רַעַשׁ¹.

¹a moment ²thought

הוּא עָמַד רֶגַע¹ וְחָשַׁב²: אֵיפֹה הַתַּלְמִידִים שֶׁלִי?

20 אֲנִי לֹא שׁוֹמֵעַ רַעַשׁ בַּכִּתָּה.

¹perhaps ²lessons

אוּלַי¹ הַיּוֹם חַג, וְאֵין שִׁעוּרִים² הַיּוֹם!

¹home

הַמּוֹרֶה הָלַךְ הַבַּיְתָה¹.

מִלּוֹן

he was	הָיָה
he got up	קָם
he shouted	צָעַק — צעק√
O.K. (*literally, "in order"*)	בְּסֵדֶר
he stood	עָמַד — עמד√
he took	לָקַח — לקח√
chalk	גִּיר
sick	חוֹלֶה
asleep	יָשֵׁן
now	עַכְשָׁו
everyone	כָּל אֶחָד
they were happy	שָׂמְחוּ — שמח√
noise	רַעַשׁ
a moment	רֶגַע
he thought	חָשַׁב — חשב√
perhaps	אוּלַי
lesson(s)	שִׁעוּר, שִׁעוּרִים
home (to the house)	הַבַּיְתָה
yesterday	אֶתְמוֹל

תַּרְגִּילִים

A. Match the *opposites* from column א with those in column ב.

ב		א	
_____ תַּלְמִיד		אִמָּא	1
_____ גָּדוֹל		אִשָּׁה	2
_____ מָחָר		עוֹמֵד	3
__1__ אַבָּא		מוֹרֶה	4
_____ בַּת		הַיּוֹם	5
_____ נָתַן		יֶלֶד	6
_____ רַע		טוֹב	7
_____ אִישׁ		קָטָן	8
_____ יַלְדָּה		לָקַח	9
_____ יוֹשֵׁב		בֵּן	10

B. Select the correct word from the following word list that best completes each sentence. Each word may be used only once.

אֵיפֹה / כֶּלֶב / שִׁעוּרִים / שָׂמְחוּ / עָמַד / כָּתְבוּ / מַדוּעַ
הַבַּיְתָה / גִיר / בְּשֶׁקֶט / עַכְשָׁו

0   אֲנִי רוֹצֶה ‏_____כֶּלֶב_____‏ קָטָן.

1   דָן ‏_____‏ עַל־יַד הַלוּחַ.

2   ‏_____‏ הוּא לֹא הָלַךְ לַכִּתָּה?

3   הַתַּלְמִידִים יָשְׁבוּ ‏_____‏.

4   ‏_____‏ הַמוֹרֶה?

5   הַתַּלְמִידִים ‏_____‏ סִפּוּרִים.

6   רְאוּבֵן לָקַח אֶת הַ‏_____‏.

7   ‏_____‏ אֲנַחְנוּ כּוֹתְבִים עִבְרִית.

8   הַיוֹם חַג, אֵין ‏_____‏.

9   הַיְלָדִים ‏_____‏ בְּשִׂמְחַת־תּוֹרָה.

10 הָאָב בָּא ‏_____‏ בָּעֶרֶב.

C. Read the story and circle the answer that *best* completes the sentence.

4 הַתַּלְמִידִים לָקְחוּ
א. גִּיר.
ב. מַחְבָּרוֹת.
ג. סְפָרִים.

0 בַּכִּתָּה הַזֹּאת אֲנַחְנוּ לוֹמְדִים
א. אַנְגְּלִית.
ב. עִבְרִית. (circled)
ג. תּוֹרָה.

5 הַתַּלְמִידִים כָּתְבוּ סִפּוּר:
א. "הַמּוֹרֶה בְּנְיוּ יוֹרְק".
ב. "מוֹרֶה טוֹב".
ג. "מַדּוּעַ הַמּוֹרֶה לֹא בַּכִּתָּה".

1 יוֹם אֶחָד דָּן הָלַךְ לְ...
א. בֵּית־הַסֵּפֶר.
ב. בֵּית־הַכְּנֶסֶת.
ג. אֶרֶץ יִשְׂרָאֵל.

6 הַמּוֹרֶה חָשַׁב:
א. אֵין שִׁעוּרִים הַיּוֹם.
ב. דָּן הַמּוֹרֶה.
ג. אֲנִי שׁוֹמֵעַ רַעַשׁ.

2 דָּן אָמַר לַתַּלְמִידִים:
א. אֵיפֹה הַמּוֹרֶה?
ב. מֹשֶׁה הַמּוֹרֶה.
ג. אֲנִי הַמּוֹרֶה.

7 הַמּוֹרָה הוֹלֵךְ
א. לְבֵית־הַכְּנֶסֶת.
ב. לִנְיוּ יוֹרְק.
ג. הַבַּיְתָה.

3 יוֹסֵף אָמַר:
א. מֹשֶׁה הַמּוֹרֶה.
ב. בְּסֵדֶר, דָּן הַמּוֹרֶה.
ג. אֵיפֹה הַמּוֹרֶה?

Personal Pronouns

Pronouns are words which **substitute for nouns.**

The girl saw Michael.	**She** saw Michael.
Ruth saw Michael.	**She** saw Michael.

She is the **personal pronoun** that substitutes for *the girl* and *Ruth.* Like *the girl* and *Ruth*, **she** is the **subject of the verb.**

Important: Personal pronouns can be used *only* as subjects of sentences.

In English, the personal pronouns are:

	Singular	Plural
first person	I	we
second person	you	you
third person	he, she, it	they

In Hebrew, the personal pronouns are:

Feminine Singular		Masculine Singular	
I	אֲנִי	I	אֲנִי
you	אַתְּ	you	אַתָּה
she	הִיא	he	הוּא

Feminine Plural		Masculine Plural	
we	אֲנַחְנוּ	we	אֲנַחְנוּ
you	אַתֶּן	you	אַתֶּם
they	הֵן	they	הֵם

From the chart, you can note the following:

1. The first person pronouns, both singular and plural, are the same in masculine and feminine.

I	אֲנִי
we	אֲנַחְנוּ

2. In the second and third persons, there are distinct forms for masculine and feminine.

	Feminine	Masculine
you (s.)	אַתְּ	אַתָּה
he, she	הִיא	הוּא
you (pl.)	אַתֶּן	אַתֶּם
they	הֵן	הֵם

3. There is no word for *it* in Hebrew. All pronouns are either masculine or feminine. Therefore, when you translate the word *it* in English, you must use either הוּא or הִיא in Hebrew.

   Use הוּא if the *it* is masculine. Use הִיא if the *it* is feminine.

The book fell.	הַסֵּפֶר נָפַל.
It (the book) fell.	הוּא נָפַל.
The notebook fell.	הַמַּחְבֶּרֶת נָפְלָה.
It (the notebook) fell.	הִיא נָפְלָה.

תַּרְגִּילִים

A. Circle the personal pronoun in each sentence.

0 (I) am a student.
1 She went home.
2 Are you leaving now?
3 We want to read the story.
4 He drove to the library.
5 Didn't they like the cake?

B. Indicate whether the following pronouns are
singular (S.) or plural (Pl.); *and* masculine (M.) or feminine (F.).

M. or F.	S. or Pl.	Pronoun	
M	S	הוּא	0
____	____	אֲנִי	1
____	____	אַתְּ	2
____	____	הֵם	3
____	____	אַתֶּם	4
____	____	הֵן	5
____	____	הִיא	6
____	____	אַתָּה	7
____	____	אֲנַחְנוּ	8
____	____	אַתֶּן	9
____	____	הוּא	10

C. Write the plural.　　　　　　　　　　D. Write the singular.

אֲנַחְנוּ	אֲנִי	0		הוּא	הֵם	0

0　אֲנִי　___אֲנַחְנוּ___

1　הוּא　_____

2　אַתְּ　_____

3　אַתָּה　_____

4　הִיא　_____

0　הֵם　___הוּא___

1　אַתֶּן　_____

2　אֲנַחְנוּ　_____

3　אַתֶּם　_____

4　הֵן　_____

E. Fill in the blanks with the Hebrew pronoun.

0　___הוּא___ כּוֹתֵב בַּמַּחְבֶּרֶת.　　he

1　_____ חוֹשֶׁבֶת עַל הַיֶּלֶד.　　she

2　_____ מְדַבְּרִים עִבְרִית.　　we

3　_____ לוֹמֶדֶת עִבְרִית.　　you

4　_____ הוֹלֵךְ אֶל הַכִּתָּה.　　I

5　_____ יוֹשְׁבִים עַל־יַד הַבַּיִת.　　they

6　דָּנִי וְשָׂרָה, _____ כּוֹתְבִים סִפּוּר?　　you

7　יִצְחָק, אֵיפֹה _____ לוֹמֵד?　　you

8　_____ שׁוֹאֲלוֹת הַרְבֵּה שְׁאֵלוֹת.　　they

9　_____ עוֹמְדוֹת פֹּה.　　you

10　_____ יָשֵׁן כָּל הַיּוֹם.　　he

Past Tense (עָבָר), Third Person

Dan wrote.	דָּן כָּתַב.
He wrote.	הוּא כָּתַב.
The boy wrote.	הַיֶּלֶד כָּתַב.

In the past tense, the **third person masculine singular** (הוּא)
consists of a **three-consonant root** (שֹׁרֶשׁ) and a **vowel pattern** ⬜⬜֫⬜ָ.
This is called the **base form.** The base form of these verbs is ⬜⬜֫⬜ָ.
There is only one form of the past tense in Hebrew.

Dan wrote. Dan did write. Dan had written.

Dan has written. Dan was writing.   דָּן כָּתַב.

The **feminine singular form of the third person** in עָבָר is הָ֫⬜⬜ְ⬜ָ.

Ruth wrote.	רוּת כָּתְבָה.
She wrote.	הִיא כָּתְבָה.
The girl wrote.	הַיַּלְדָּה כָּתְבָה.

The **plural form of the third person** in the עָבָר is וּ⬜⬜ְ⬜ָ.

They (m.) wrote.	הֵם כָּתְבוּ.
The boys wrote.	הַיְלָדִים כָּתְבוּ.
They (f.) wrote.	הֵן כָּתְבוּ.
The girls wrote.	הַיְלָדוֹת כָּתְבוּ.

In the plural, the same form is used for the masculine and feminine.

Here are the forms of the **third person, past tense.**

He wrote.	כָּתַב.	⬜֫⬜ַ⬜ָ	הוּא
She wrote.	כָּתְבָה.	הָ⬜⬜ְ⬜ָ	הִיא
They (m.) wrote.	כָּתְבוּ.	וּ⬜⬜ְ⬜ָ	הֵם
They (f.) wrote.	כָּתְבוּ.	וּ⬜⬜ְ⬜ָ	הֵן

תַּרְגִּילִים

A. Find 10 verbs in the story we have read in this unit. Write the line number in which each verb appears, the verb, the tense (present or past), the gender (masculine or feminine), and the meaning.

Meaning	Gender	Tense	Verb	Line #	
he walked he went	masculine	past	הָלַךְ	1	0
					1
					2
					3
					4
					5
					6
					7
					8
					9
					10

B. Circle the verb and write the שֹׁרֶשׁ in the blank.

0 הַיְלָדִים (כּוֹתְבִים) בַּמַּחְבָּרוֹת.　　כתב

1 הִיא עוֹמֶדֶת לִפְנֵי הַדֶּלֶת.　　_____

2 הַתַּלְמִידָה אָמְרָה: "שָׁלוֹם."　　_____

3 הֵם הָלְכוּ הַבַּיְתָה.　　_____

4 הֵן שׁוֹמְעוֹת אֶת הַסִפּוּר.　　_____

5 דָּנִי לָקַח סְפָרִים לְבֵית-הַסֵּפֶר.　　_____

C. Complete the chart.

הלך√	למד√	כתב√	
		כָּתַב	הוּא
		כָּתְבָה	הִיא
		כָּתְבוּ	הֵם־הֵן

D. Change the verbs from the present to the past.

0 עַכְשָׁו הִיא עוֹמֶדֶת עַל־יַד הַלּוּחַ.　אֶתְמוֹל הִיא עָמְדָה לִפְנֵי הַבַּיִת.

1 הַיּוֹם הֵם הוֹלְכִים לַקִבּוּץ.　אֶתְמוֹל הֵם _____ הַבַּיְתָה.

2 עַכְשָׁו הוּא לוֹמֵד עִבְרִית.　גַּם אֶתְמוֹל הוּא _____ עִבְרִית.

3 הֵן כּוֹתְבוֹת עַל הַלּוּחַ עַכְשָׁו.　אֶתְמוֹל הֵן _____ בַּמַּחְבָּרוֹת.

4 הַיּוֹם הִיא יוֹשֶׁבֶת בַּסֻּכָּה.　אֶתְמוֹל הִיא _____ בַּכִּתָּה.

E. Find the verb in each sentence. Write the root of the verb in the squares. When you have finished, the outlined column will tell you something about yourself.

1 הַיְלָדִים אוֹמְרִים.

2 הַמּוֹרֶה נוֹתֵן.

3 אֲנַחְנוּ יוֹשְׁבוֹת.

4 הַמּוֹרָה כּוֹתֶבֶת.

5 הַתַּלְמִיד לוֹקֵחַ.

6 הָאִישׁ שָׁמַע.

7 רָחֵל יָדְעָה.

8 הַכְּלָבִים עָמְדוּ.

9 רִבְקָה לָקְחָה.

10 יְלָדוֹת הוֹלְכוֹת.

11 הַתַּלְמִידִים לוֹמְדִים.

Write the sentence in the outlined squares.

_____

Translate it. _____

_____

F. Write the correct form of the past tense of each verb.

0 מֹשֶׁה לקח√ לָקַח _____ אֶת הַסֵּפֶר.

1 דָּן אמר√ _____ "תּוֹדָה" לְרִבְקָה.

2 אֶתְמוֹל הִיא עמד√ _____ עַל-יַד הַבַּיִת.

3 הַמּוֹרָה חשב√ _____ עַל הַכִּתָּה.

4 הוּא כתב√ _____ בַּמַּחְבֶּרֶת.

5 הֵם למד√ _____ עִבְרִית.

6 הוּא שאל√ _____ שְׁאֵלָה טוֹבָה אֶתְמוֹל.

7 הֵן קרא√ _____ סִפּוּר יָפֶה.

8 שְׁלֹמֹה וְיָרוֹן הלך√ _____ אֶל הַחֶדֶר שֶׁלִי.

9 לֵאָה וְדָוִד ישב√ _____ בַּכִּתָּה.

10 אֶתְמוֹל, דִּינָה וְרָחֵל הלך√ _____ אֶל בֵּית-הַסֵּפֶר.

Negation

Dan studies. דָּן לוֹמֵד.
Dan does **not** study. דָּן לֹא לוֹמֵד.

To put the verb in the negative, we place the word לֹא before it.

The boy writes. הַיֶּלֶד כּוֹתֵב.
The boy does not write. הַיֶּלֶד לֹא כּוֹתֵב.
Ruth studied. רוּת לָמְדָה.
Ruth did not study. רוּת לֹא לָמְדָה.

תַּרְגִּיל

Rewrite the sentences in the negative.

0 שָׂרָה יוֹשֶׁבֶת פֹּה.

_שָׂרָה לֹא יוֹשֶׁבֶת פֹּה._

1 דָּן לוֹמֵד עִבְרִית.

_____

2 לֵאָה וְרִבְקָה הָלְכוּ אֶל הַבַּיִת.

_____

3 הִיא כָּתְבָה בַּסֵּפֶר.

_____

4 אֲנַחְנוּ יוֹשְׁבִים עַל־יַד הַלּוּחַ.

_____

5 הַיְלָדִים אָמְרוּ ״תּוֹדָה״.

_____

6 הֵם אָכְלוּ בַּסֻּכָּה.

_____

7 אֲנִי חוֹלֶה הַיּוֹם.

_____

8 הַמּוֹרֶה נָתַן סְפָרִים לַתַּלְמִידִים.

_____

The Conjunction AND – וֹ

דָּן וְדִינָה לוֹמְדִים

The conjunction *and* connects two words of the same type (noun + noun, verb + verb). It can also connect **two phrases** or **two sentences.**

In Hebrew, *and* is expressed by the letter *vav* — וֹ.

The וֹ never stands alone; it is attached to the beginning of the second word of the pair.

Dan and Ruth study.	דָּן וְרוּת לוֹמְדִים.
She and he studied.	הִיא וְהוּא לָמְדוּ.
They studied and wrote.	הֵם לָמְדוּ וְכָתְבוּ.

The most common form is וֹ.

However, at times, וֹ may have a different vowel.

וּ – דָּוִד וּמֹשֶׁה.
וָ – וַאֲנִי

You will learn more about these and other changes as you continue your Hebrew studies.

וְ וַ וּ

רִינָה 3/3

תַּרְגִּיל

Write the conjunction וּ where it belongs in each sentence.

0 אַבְרָהָם וְיִצְחָק הָלְכוּ לְאֶרֶץ יִשְׂרָאֵל.

1 דָּן דָּוִד הָלְכוּ הַבַּיְתָה.

2 הַיֶּלֶד הַיַּלְדָּה עוֹמְדִים בַּחֶדֶר.

3 שָׂרָה יָשְׁבָה לָמְדָה.

4 פְּנִינָה הָלְכָה הָלְכָה.

5 הַמּוֹרֶה הַתַּלְמִידִים מְדַבְּרִים עִבְרִית.

6 אֲנִי יוֹשֶׁבֶת בַּסֻּכָּה הִיא יוֹשֶׁבֶת בַּבַּיִת.

7 הַמּוֹרָה כּוֹתֵב עַל הַלּוּחַ הַתַּלְמִיד כּוֹתֵב בַּמַּחְבֶּרֶת.

8 דִּינָה בָּאָה אֶל הַחֶדֶר אָמְרָה "שָׁלוֹם".

9 הַמֶּלֶךְ הָיָה חָכָם טוֹב.

10 הוּא לָקַח טַלִּית סִדּוּר הָלַךְ לְבֵית – הַכְּנֶסֶת.

וֹ וּ וְ

דִינָה 3/3

תַּרְגִילִים לַחֲזָרָה

A. Put a check next to the masculine nouns.

0 תַּלְמִיד ✓

11 מַלְכָּה		6 שִׁעוּרִים		1 דּוֹדִים		
12 מוֹרִים		7 תַּלְמִידוֹת		2 כִּסֵּא		
13 אִמָּא		8 מְזוּזָה		3 מַחְבֶּרֶת		
14 לוּחַ		9 חָבֵר		4 מְנוֹרָה		
15 חַגִּים		10 כֶּלֶב		5 עִפָּרוֹן		

B. Write in the singular.

0 חַגִּים ___חַג___

5 תַּלְמִידוֹת _____	1 תַּלְמִידִים _____
6 סִפּוּרִים _____	2 כֻּתֳּוֹת _____
7 שְׁאֵלוֹת _____	3 שִׁעוּרִים _____
8 כַּפּוֹת _____	4 סִדּוּרִים _____

C. Write the correct verb form in the present tense.

0 עַכְשָׁו הוּא כתב√ ___כּוֹתֵב___ סִפּוּר.

1 הַיֶּלֶד למד√ _____ עִבְרִית.

2 הַיּוֹם שָׂרָה ישב√ _____ פֹּה.

3 הַיְלָדִים לקח√ _____ סְפָרִים אֶל בֵּית-הַסֵּפֶר.

4 עַכְשָׁו אֲנִי כתב√ _____ עַל הַלּוּחַ.

5 רוּתִי הלך√ _____ אֶל הַכִּתָּה.

6 רְאוּבֵן וְשִׁמְעוֹן לֹא קרא√ _____ בְּשֶׁקֶט.

7 אַתְּ שאל√ _____ שְׁאֵלָה טוֹבָה.

8 הַיּוֹם הַכֶּלֶב עמד√ _____ לִפְנֵי הַבַּיִת.

9 הַמּוֹרֶה נתן√ _____ גִּיר לַיֶּלֶד.

10 רָחֵל וְלֵאָה אמר√ _____ "שָׁלוֹם" לַמּוֹרֶה.

The Dead Sea Scrolls found in the Qumran caves of the Judean desert include the oldest manuscripts of biblical books.

D. Rewrite these sentences. Make all the necessary changes to agree
with the new subject.

0 הוּא עוֹמֵד פֹּה.

הֵם <u>עוֹמְדִים פֹּה.</u>

1 דָּן לוֹקֵחַ כִּפָּה וְהוֹלֵךְ לְבֵית-הַכְּנֶסֶת.

_____ הֵם

2 הַתַּלְמִיד קוֹרֵא בְּשֶׁקֶט.

_____ הַתַּלְמִידִים

3 הַמּוֹרָה נוֹתֶנֶת סְפָרִים הַיּוֹם.

_____ הַמּוֹרוֹת

4 הַבֵּן יוֹשֵׁב בַּסֻּכָּה עַכְשָׁו.

_____ לֵאָה וְרָחֵל

5 דִּינָה שׁוֹאֶלֶת הַרְבֵּה שְׁאֵלוֹת.

_____ שָׂרָה לֹא

E. Make these sentences definite by adding הַ where necessary.

0 <u>הַ</u>כֶּלֶב יוֹשֵׁב פֹּה.

1 תַּלְמִידִים הוֹלְכִים אֶל בֵּית-הַסֵּפֶר.

2 מִשְׁפָּחָה יוֹשֶׁבֶת בַּסֻּכָּה.

3 הֵן יוֹשְׁבוֹת בַּחֶדֶר.

4 מוֹרֶה לֹא הָיָה בַּכִּתָּה.

5 יֶלֶד יוֹשֵׁב עַל-יַד דֶּלֶת.

סִפּוּר קָטָן

הַתַּלְמִידִים יָשְׁבוּ בַּכִּתָּה.
הַמּוֹרֶה שָׁאַל: "מִי לֹא פֹּה הַיּוֹם?"
הַתַּלְמִידִים אָמְרוּ: "כָּל אֶחָד פֹּה הַיּוֹם."
¹read הַמּוֹרֶה עָמַד לִפְנֵי הַכִּתָּה וְקָרָא.¹
5 ¹words הוּא גַּם כָּתַב מִלִּים¹ חֲדָשׁוֹת עַל הַלּוּחַ.
הַתַּלְמִידִים כָּתְבוּ בַּמַּחְבָּרוֹת.

¹pen מֹשֶׁה לָקַח עֵט¹ וְכָתַב.
שָׂרָה לָקְחָה עִפָּרוֹן וְכָתְבָה.
אֲרִיאֵל לֹא כָּתַב.

10 הַמּוֹרֶה שָׁאַל: "אֲרִיאֵל, מַדּוּעַ אַתָּה לֹא כּוֹתֵב?"
אֲרִיאֵל אָמַר: "אֲנִי לֹא כּוֹתֵב כִּי הַמַּחְבֶּרֶת
שֶׁלִּי, הָעֵט שֶׁלִּי, וְהָעִפָּרוֹן שֶׁלִּי בַּבַּיִת."
הַמּוֹרֶה אָמַר: "הִנֵּה מַחְבֶּרֶת וְעִפָּרוֹן."
אֲרִיאֵל אָמַר: "תּוֹדָה, עַכְשָׁו גַּם אֲנִי כּוֹתֵב
עִם כָּל הַתַּלְמִידִים."

מִלּוֹן

he read	קרא√	קָרָא —
word, words (f.)	מִלָּה, מִלִּים	
pen	עֵט	

The "Thanksgiving Scroll" found at Qumran. Note how the letters hang from the line, with the *lamed* rising above it.

גֶּשֶׁם¹ שֶׁל בְּרָכָה

¹rain

לֹא יָרַד¹ גֶּשֶׁם. הָאֲנָשִׁים² הָלְכוּ לְחוֹנִי הֶחָכָם.
"רַבִּי," הֵם אָמְרוּ, "אֵין גֶּשֶׁם! אֵין מַיִם! אֵין
בְּרָכָה! תֵּן¹ גֶּשֶׁם!"
"טוֹב," אָמַר חוֹנִי. "זֹאת הַתְּפִלָּה שֶׁלִּי:
אֱלֹהִים, הָאֲנָשִׁים רוֹצִים¹ גֶּשֶׁם. אֲנִי עוֹשֶׂה²
מַעְגָּל¹ עַל הָאָרֶץ². אֲנִי עוֹמֵד בַּמַּעְגָּל.
אִם¹ אֵין גֶּשֶׁם, אֲנִי לֹא הוֹלֵךְ מִפֹּה²."
הַגֶּשֶׁם יָרַד, אֲבָל רַק¹ מְעַט² גֶּשֶׁם. הָאֲנָשִׁים בָּאוּ
לַמַּעְגָּל וְאָמְרוּ: "אֲנַחְנוּ לֹא רוֹצִים מְעַט גֶּשֶׁם.
אֲנַחְנוּ צְרִיכִים¹ עוֹד² גֶּשֶׁם."
חוֹנִי עָמַד בַּמַּעְגָּל וְאָמַר: "אֱלֹהִים, יָרַד מְעַט גֶּשֶׁם,
אֲבָל אֲנִי רוֹצֶה עוֹד. אִם אֵין הַרְבֵּה¹ גֶּשֶׁם,
אֲנִי לֹא הוֹלֵךְ מִפֹּה."
הַגֶּשֶׁם יָרַד, הַגֶּשֶׁם יָרַד יוֹם וָלַיְלָה¹.
מַיִם בְּכָל מָקוֹם¹: בָּרְחוֹב², בַּבַּיִת, בְּבֵית הַסֵּפֶר,
בְּבֵית הַכְּנֶסֶת. הָאֲנָשִׁים צָעֲקוּ: "מַסְפִּיק¹! מַסְפִּיק!"
יֵשׁ הַרְבֵּה גֶּשֶׁם, אֲבָל גַּם זֶה לֹא טוֹב!
חוֹנִי עָמַד בַּמַּעְגָּל וְאָמַר: "אֱלֹהִים! יֵשׁ הַרְבֵּה
גֶּשֶׁם, וְזֶה לֹא טוֹב. תֵּן גֶּשֶׁם שֶׁל בְּרָכָה."
יָרַד גֶּשֶׁם שֶׁל בְּרָכָה עַל הָאָרֶץ. הָאֲנָשִׁים שָׂמְחוּ
וְאָמְרוּ: "בָּרוּךְ אֱלֹהִים, זֶה גֶּשֶׁם שֶׁל בְּרָכָה."
וְהָאֲנָשִׁים קָרְאוּ¹ לְחוֹנִי, "חוֹנִי הַמְּעַגֵּל²."

Glossary (margin notes, top to bottom):
- ¹rain
- ¹came down ²people
- ¹give!
- ¹want ²make
- ¹circle ²ground
- ¹if ²from here
- ¹only ²little bit
- ¹need ²more
- ¹much
- ¹night
- ¹everywhere ²street
- ¹enough
- ¹called ²circle-maker

מִלוֹן

rain	גֶּשֶׁם
(it) came down	יָרַד
men, people	אֲנָשִׁים
give! (imperative)	תֵּן — נתן√
we, you, they want (m.)	רוֹצִים — רצה√
I, you, he make(s), do(es)	עוֹשֶׂה — עשה√
ground, earth	אֶרֶץ (.f)
if	אִם
only	רַק
a little	מְעַט
we, you, they need	צְרִיכִים — צרך√
more	עוֹד
much, many	הַרְבֵּה
from	מִ...
night	לַיְלָה (.m)
everywhere	בְּכָל מָקוֹם
place	מָקוֹם
street	רְחוֹב

תַּרְגִּילִים

A. Circle the answer that best completes the sentence.

3 חוֹנִי הָלַךְ מִן הַמַּעְגָּל רַק
כַּאֲשֶׁר (when)

א. יָרַד הַרְבֵּה גֶּשֶׁם.

ב. יָרַד גֶּשֶׁם שֶׁל בְּרָכָה.

ג. הָיוּ מַיִם בְּבֵית הַסֵּפֶר.

ד. יָרַד מְעַט גֶּשֶׁם.

0 חוֹנִי הָיָה

א. אִישׁ.

ב. יֶלֶד.

ג. כֶּלֶב.

4 "גֶּשֶׁם שֶׁל בְּרָכָה" הוּא

א. מְעַט גֶּשֶׁם.

ב. הַרְבֵּה גֶּשֶׁם.

ג. רַע לָאֲנָשִׁים.

ד. טוֹב לָאֲנָשִׁים.

1 הָאֲנָשִׁים רוֹצִים

א. רַב.

ב. תְּפִלָּה.

ג. גֶּשֶׁם.

ד. מַעְגָּל.

5 הָאֲנָשִׁים קָרְאוּ לְחוֹנִי "הַמְעַגֵּל"
כִּי חוֹנִי

א. עָמַד בְּמַעְגָּל.

ב. אִישׁ חָכָם.

ג. צָעַק, "מַסְפִּיק!"

ד. רָצָה גֶּשֶׁם.

2 גֶּשֶׁם יָרַד יוֹם וָלַיְלָה,
וְהַמַּיִם

א. הָיוּ מְעַטִּים.

ב. הָיוּ טוֹבִים.

ג. הָיוּ בְּכָל מָקוֹם.

ד. הָיוּ בְּרָכָה.

B. Answer in a short Hebrew sentence.

0 מִי רוֹצֶה מַיִם? _____ הָאֲנָשִׁים רוֹצִים מַיִם.

1 מִי הָלַךְ אֶל חוֹנִי? _____

2 מִי אָמַר תְּפִלָּה? _____

3 מַה יָרַד עַל הָאָרֶץ? _____

4 מִי עָמַד בַּמַּעְגָּל? _____

5 מִי נָתַן גֶּשֶׁם שֶׁל בְּרָכָה? _____

C. Choose one of the words below to complete each sentence.

עוֹשֶׂה / יוֹרֵד / הָאֲנָשִׁים / הַבְּרָכָה / רְחוֹב / מָקוֹם

0 הָאֲנָשִׁים עָמְדוּ בָּרְחוֹב. _____.

1 הַיֶּלֶד אָמַר אֶת _____ "הַמּוֹצִיא לֶחֶם מִן הָאָרֶץ."

2 מְעַט גֶּשֶׁם _____ בְּקָלִיפוֹרְנְיָה.

3 מָה אַתָּה _____ עַכְשָׁו?

4 _____ בָּאוּ אֶל חוֹנִי הֶחָכָם.

5 בְּכָל _____ יֵשׁ לִי חֲבֵרִים טוֹבִים.

Verb Sentences and Noun Sentences

Jack	writes.		יַעֲקֹב כּוֹתֵב.
s	v		v s
Ruth	said "hello".		רוּת אָמְרָה "שָׁלוֹם".
s	v		v s

We have learned that both English and Hebrew sentences normally have a subject (s) and a verb (v). **A sentence that has both a subject and a verb** is called a **verb sentence.**

Hebrew has **no present tense form of the verb** *to be* — הָיָה. This means that there is no Hebrew word for *am, is* or *are.*

Ruth (is) a student.	רוּת תַּלְמִידָה.
They (are) teachers.	הֵם מוֹרִים.
The notebook (is) on the table.	הַמַּחְבֶּרֶת עַל הַשֻׁלְחָן.

The Hebrew sentences above have **no verb** — only nouns or pronouns. Therefore, we call them **noun sentences.** The verb *to be* is understood from the context of the sentence.

Moshe	(is)	a teacher.	מֹשֶׁה מוֹרֶה.
n	v	n	n n
We	(are)	students.	אֲנַחְנוּ תַּלְמִידִים.
n	v	n	n n
The book	(is)	on the table.	הַסֵּפֶר עַל הַשֻׁלְחָן.
n	v	n	n n

Moshe (is) not a student.	מֹשֶׁה לֹא תַּלְמִיד.
We (are) not teachers.	אֲנַחְנוּ לֹא מוֹרִים.
The book (is) not on the table.	הַסֵּפֶר לֹא עַל הַשֻׁלְחָן.

In a noun sentence, the negative follows the subject.

תַּרְגִּילִים

A. Find five sentences in the story that have subjects and verbs. Write them below. Underline the subject and circle the verb.

0   הָאֲנָשִׁים חוֹזְרִים לְשָׁם.

_____ 1

_____ 2

_____ 3

_____ 4

_____ 5

These ancient terraces were built on the slopes near Jerusalem to conserve rainfall and prevent soil erosion.

B. Read the following paragraph. Decide whether each sentence is a verb sentence or a noun sentence. Then write each sentence in the correct column.

יְלָדִים בָּאִים לְבֵית הַסֵּפֶר.   דָּוִד תַּלְמִיד.   רִבְקָה תַּלְמִידָה.   הַמּוֹרָה אוֹמֶרֶת ״שָׁלוֹם״.   הֵם יוֹשְׁבִים בְּחֶדֶר גָּדוֹל.   הַכֶּלֶב לֹא בַּחֶדֶר.   הַסְּפָרִים עַל הַשֻּׁלְחָן.   הֵם קוֹרְאִים.   הֵם כּוֹתְבִים.   הֵם תַּלְמִידִים טוֹבִים.

Verb Sentences	Noun Sentences
יְלָדִים בָּאִים לְבֵית־הַסֵּפֶר.	דָּוִד תַּלְמִיד.

About 2200 years ago, the Nabateans built walls around their fields to conserve runoff water from winter rains, and grew crops in the Negev wasteland.

Demonstrative Pronouns

this (m.)	זֶה
this (f.)	זֹאת
these (m. or f. pl.)	אֵלֶּה

The words *this* — זֶה, זֹאת and *these* — אֵלֶּה are called
demonstratives because they **point to** (demonstrate) **specific people
or things.**

In both English and Hebrew, the words *this* — זֶה, זֹאת and
these — אֵלֶּה can be used in two ways:

1. as **adjectives** (we'll learn about this in Unit 5),

2. as **pronouns** — in place of a noun.

When a demonstrative word is used as a pronoun it is usually in a
noun sentence, and the verb *to be* is understood.

This (is) a dog.	זֶה כֶּלֶב.
dem v n	n dem
pron	pron

This (is) a pupil.	זֶה תַּלְמִיד.
This (is) a pupil.	זֹאת תַּלְמִידָה.
This (is) Reuben.	זֶה רְאוּבֵן.
This (is) Miriam.	זֹאת מִרְיָם.
These (are) books.	אֵלֶּה סְפָרִים.
These (are) classes.	אֵלֶּה כִּתּוֹת.

תַּרְגִּילִים

A.   Fill in the blank with זֶה, זֹאת or אֵלֶּה.

0	זֶה	דָּוִד.			

6 _____ רַבִּי.   1 _____ לֹא מַעְגָּל.

7 _____ אֲנָשִׁים שְׂמֵחִים.   2 _____ יַעֲקֹב.

8 _____ גֶּשֶׁם שֶׁל בְּרָכָה.   3 _____ לֹא הַמּוֹרָה שֶׁלִּי.

9 _____ לֹא נֵרוֹת חֲנֻכָּה.   4 _____ אַבָּא וְאִמָּא.

10 _____ תְּפִלָּה.   5 _____ רְחוֹב.

Jericho, believed to be the
oldest city in the world, was
built about 8,000 B.C.E. at a
desert oasis.

B. Write nine correct sentences using one word from each group.

	ב		א
תְּפִלָּה	מָקוֹם		זֶה
הוֹלֵךְ	בַּבַּיִת		אֵלֶּה
אֶסְתֵּר	חוֹנִי		זֹאת
בְּרָכָה	עוֹמְדִים פֹּה		הוּא
אֲנָשִׁים טוֹבִים	סֵפֶר		

0 _____ זֶה סֵפֶר.

1 _____

2 _____

3 _____

4 _____

5 _____

6 _____

7 _____

8 _____

9 _____

_____

יֵשׁ / אֵין

there is	יֵשׁ	there isn't	אֵין
there are		there aren't	

In Hebrew, when we want to say *there is* or *there are*, we place the word יֵשׁ before the noun which is the subject of the sentence.

There is a book.   יֵשׁ סֵפֶר.
    s   s

There are books.   יֵשׁ סְפָרִים.
    s   s

To say *there is no* or *there are no*, we place the word אֵין before the noun which is the subject.

There is no book.   אֵין סֵפֶר.
    s   s

There are no books.   אֵין סְפָרִים.
    s   s

Here are some longer sentences using יֵשׁ and אֵין.

There is a book on the table.   יֵשׁ סֵפֶר עַל הַשֻּׁלְחָן.
There are no books in the room.   אֵין סְפָרִים בַּחֶדֶר.

Ancient (10,000 – 7,500 B.C.E.) agricultural implements.

תַּרְגִּילִים

A. Complete each sentence by adding either יֵשׁ or אֵין, so that it makes a correct statement about the picture.

0 ‏_____ אֵין ‏עֵץ.

1 ‏_____ שֻׁלְחָן.

6 ‏_____ מַעְגָּל.

2 ‏_____ חַלּוֹן.

7 ‏_____ יֶלֶד.

3 ‏_____ גֶּשֶׁם.

8 ‏_____ כִּסֵּא.

4 ‏_____ בַּיִת.

9 ‏_____ מוֹרָה.

5 ‏_____ אֲנָשִׁים.

10 ‏_____ רְחוֹב.

B. Make up true statements using as many of these words as you can.

מוֹרֶה / סְפָרִים / רַעַשׁ / מַחְבֶּרֶת / כֶּלֶב / כִּסֵּא / יַלְדָּה
תַּלְמִידִים / מוֹרָה / גֶּשֶׁם

0 בַּכִּתָּה יֵשׁ ___מוֹרָה, סְפָרִים, כִּסֵּא וְתַלְמִידִים.___

1 בְּבֵית-הַסֵּפֶר יֵשׁ _____

2 בַּחֶדֶר שֶׁלִּי אֵין _____

3 בָּרְחוֹב יֵשׁ _____

4 בַּבַּיִת שֶׁלִּי יֵשׁ _____

5 בַּכִּתָּה שֶׁלִּי אֵין _____

Present Tense of Verbs Ending in ה

Some of the most common and important verbs in Hebrew have a ה as the third letter of the שֹׁרֶשׁ.

		answer	עָנָה
do	עָשָׂה	buy	קָנָה
go up	עָלָה	cry	בָּכָה
drink	שָׁתָה	see	רָאָה
want	רָצָה	build	בָּנָה

The final ה tells you that the vowel pattern of these verbs differs from the regular pattern.

Present Tense

	Third Root Letter ה √קנה	Regular √סגר
m.s.	קוֹנֶה	סוֹגֵר
f.s.	קוֹנָה	סוֹגֶרֶת
m.pl.	קוֹנִים	סוֹגְרִים
f. pl.	קוֹנוֹת	סוֹגְרוֹת

תַּרְגִּילִים

A. Fill in the blanks in the verb chart.

עשה√	שתה√	ראה√	רצה√	
			רוֹצֶה	אֲנִי, אַתָּה, הוּא
			רוֹצָה	אֲנִי, אַתְּ, הִיא
			רוֹצִים	אֲנַחְנוּ, אַתֶּם, הֵם
			רוֹצוֹת	אֲנַחְנוּ, אַתֶּן, הֵן

B. Next to each verb in group ב, write a correct subject chosen from group א.

ב		א
עוֹשֶׂה	הוּא	אַתְּ
רוֹאִים		אֲבִיבָה וּמֹשֶׁה
קוֹנֶה		הַתַּלְמִיד
עוֹלוֹת		אֲנַחְנוּ
שׁוֹתָה		הָאֵם
רוֹצִים		אַתָּה
עוֹשׂוֹת		אֲנָשִׁים
בּוֹכֶה		הֵן
רוֹאָה		הַיְלָדוֹת
עוֹנִים		הוּא

C. Fill each blank with the correct form of the verb. Be guided by the
first part of the sentence.

0 רָחֵל רוֹצָה וְאַבְרָהָם רוֹצֶה _____.

1 הוּא שׁוֹתֶה וְהִיא _____.

2 הֵם עוֹלִים וְהֵן _____.

3 הוּא בּוֹנֶה וְהֵם _____.

4 אַתְּ בּוֹכָה וְהֵן _____.

5 אַתֶּם קוֹנִים מַחְבֶּרֶת, וַאֲנַחְנוּ _____ עֶפְרוֹן.

6 הַיֶּלֶד רוֹאֶה כֶּלֶב, אֲבָל הַיַּלְדָּה לֹא _____ כֶּלֶב.

7 הַמּוֹרִים עוֹנִים, וְהַמּוֹרוֹת לֹא _____.

8 אֲנִי רוֹצָה מַיִם, וְאַתָּה _____ קוֹקָה־קוֹלָה.

"Mother goddess"
made of pottery,
used in the fertility
cult.

D. Fill in the correct form of the שֹׁרֶשׁ.

0 דָּנִי ראה√ ____רוֹאֶה____ אֶת הַכֶּלֶב.

1 הַמִּשְׁפָּחָה בנה√ _____ בַּיִת בְּיִשְׂרָאֵל.

2 מַדּוּעַ אַתֶּם לֹא שתה√ _____ אֶת הַיַּיִן?

3 מָה אַתֶּם עשֹה√ _____ הַיּוֹם?

4 שְׁמוּאֵל ענה√ _____ בְּעִבְרִית טוֹבָה.

5 הַאִם קנה√ _____ לֶחֶם.

6 יֵשׁ גֶּשֶׁם הַיּוֹם, וַאֲנַחְנוּ לֹא ראה√ _____ אֶת הַשֶּׁמֶשׁ.

7 יְלָדִים קְטַנִּים בכה√ _____ הַרְבֵּה.

8 חוֹנִי הַמְּעַגֵּל עשֹה√ _____ דָּבָר טוֹב.

9 שָׂרָה וְרָחֵל רצה√ _____ סְפָרִים חֲדָשִׁים.

10 הַמּוֹרָה שׁוֹאֶלֶת, וְהַתַּלְמִידִים ענה√ _____.

מֶזֶג הָאֲוִיר[1]
[1] the weather

אָבִיב[1]
[1] spring

בָּאָבִיב נָעִים[1] מְאֹד.
[1] pleasant
לֹא חַם[1] וְלֹא קַר[2],
[1] hot [2] cold
יָפֶה בַּחוּץ[1].
[1] outside
הַשֶּׁמֶשׁ[1] בַּשָּׁמַיִם[2].
[1] sun [2] sky

קַיִץ[1]
[1] summer

בַּקַּיִץ חַם.
הַטֶּמְפֶּרָטוּרָה גְּבוֹהָה[1].
[1] high
בְּיִשְׂרָאֵל, לִפְעָמִים[1] יֵשׁ
[1] sometimes
רוּחַ[1] חַמָּה מִן הַמִּדְבָּר[2].
[1] wind [2] desert
קוֹרְאִים לָרוּחַ "חַמְסִין".

סְתָו[1]
[1] autumn

בַּסְּתָו קָרִיר[1].
[1] cool
לִפְעָמִים יֵשׁ הַרְבֵּה רוּחַ.
גֶּשֶׁם יוֹרֵד
וַעֲנָנִים[1] בַּשָּׁמַיִם.
[1] clouds

חֹרֶף[1]
[1] winter

בַּחֹרֶף קַר.
יוֹרֵד הַרְבֵּה גֶּשֶׁם.
יוֹרֵד גַּם שֶׁלֶג[1].
[1] snow
אֵין הַרְבֵּה שֶׁמֶשׁ.

מִלּוֹן

pleasant	נָעִים
hot	חַם
cold	קַר
cool	קָרִיר
outside	בַּחוּץ
sky	שָׁמַיִם
sun	שֶׁמֶשׁ
moon	יָרֵחַ
stars	כּוֹכָב, כּוֹכָבִים
clouds	עָנָן, עֲנָנִים
wind	רוּחַ
snow	שֶׁלֶג
season	עוֹנָה
seasons of the year	עוֹנוֹת הַשָּׁנָה
spring	אָבִיב
summer	קַיִץ
autumn	סְתָו
winter	חֹרֶף

Jaffa Gate and David's Citadel, in unusual weather for Jerusalem.

לְהִתְרָאוֹת¹ מָחָר

יוֹם אֶחָד רָן מְטַלְפֵּן¹ לְדִינָה.

דִינָה: הַלוֹ!

רָן: הַלוֹ, דִינָה. זֶה הֶחָבֵר שֶׁלָּךְ¹ רָן.
מַה שְׁלוֹמֵךְ¹?

דִינָה: בְּסֵדֶר. וּמַה שְׁלוֹמְךָ¹? 5

רָן: בְּסֵדֶר. מָה אַתְּ עוֹשָׂה הַיּוֹם?

דִינָה: הַיּוֹם קַר מְאֹד. בַּחוּץ יוֹרֵד גֶּשֶׁם. אֲנִי
יוֹשֶׁבֶת בַּבַּיִת כִּי חַם וְיָפֶה פֹּה.

רָן: כֵּן, קַר מְאֹד. יֵשׁ רוּחַ. בֶּהָרִים¹ יָרַד שֶׁלֶג.

דִינָה: אֲנִי לֹא אוֹהֶבֶת¹ גֶּשֶׁם וְרוּחַ. אֲנִי אוֹהֶבֶת קַיִץ. 10
בַּקַּיִץ יֵשׁ שֶׁמֶשׁ, חַם בַּחוּץ, וַאֲנַחְנוּ נוֹסְעִים¹
אֶל הַיָּם¹.

רָן: דִינָה, מָחָר הַמִּשְׁפָּחָה שֶׁלִּי נוֹסַעַת לֶהָרִים לִרְאוֹת¹
אֶת הַשֶּׁלֶג. אַתְּ רוֹצָה לָלֶכֶת¹? אֲנַחְנוּ עוֹשִׂים
אִישׁ מִשֶּׁלֶג. 15

דִינָה: כֵּן, אֲנִי רוֹצָה לִנְסֹעַ¹ עִם הַמִּשְׁפָּחָה שֶׁלְּךָ.

רָן: טוֹב מְאֹד. אֲנַחְנוּ נוֹסְעִים בַּבֹּקֶר.
לְהִתְרָאוֹת מָחָר בַּבֹּקֶר.

דִינָה: תּוֹדָה, רָן. שָׁלוֹם וּלְהִתְרָאוֹת.

Footnotes:
- ¹I'll be seeing you!
- ¹telephones
- ¹your (f.)
- ¹how are you (f.)
- ¹how are you (m.)
- ¹mountains
- ¹like
- ¹travel
- ¹sea
- ¹to see
- ¹to go
- ¹to travel

מִלּוֹן

how are you (m.)	מַה שְׁלוֹמְךָ
how are you (f.)	מַה שְׁלוֹמֵךְ
mountains	הַר, הָרִים
sea	יָם
I, you, he, she like(s), love(s)	אוֹהֵב, אוֹהֶבֶת — אהב√
to see	לִרְאוֹת — ראה√
to go	לָלֶכֶת — הלך√
we, you, they travel	נוֹסְעִים — נסע√
to travel	לִנְסֹעַ
I'll be seeing you!	לְהִתְרָאוֹת — ראה√

תַּרְגִּילִים

A. Be prepared to give oral answers to the following questions, about *each* picture.

1 הַאִם חַם אוֹ קַר?

2 הַאִם גֶּשֶׁם יוֹרֵד? שֶׁלֶג?

3 הַאִם יֵשׁ שֶׁמֶשׁ בַּשָּׁמַיִם?

4 הַאִם מֶזֶג הָאֲוִיר נָעִים?

5 מַה הִיא הָעוֹנָה שֶׁל הַשָּׁנָה?

1

הַאִם cannot be translated into English; it takes the place of verbs *does*, *is*, and *are* in English questions.

B. List all the words that describe the weather at each time of the year.
    Some words will be appropriate for more than one season.

נָעִים / עֲנָנִים / שֶׁלֶג / גֶּשֶׁם / שֶׁמֶשׁ / רוּחַ / קָרִיר / קַר

חַם / חַמְסִין

חֹרֶף	סְתָו	קַיִץ	אָבִיב
_____	_____	_____	_____
_____	_____	_____	_____
_____	_____	_____	_____
_____	_____	_____	_____

תַּרְגִּילִים לַחֲזָרָה

A. Fill in the present tense of the verb, using the given שֹׁרֶשׁ.

0 הַתַּלְמִיד אמר√ ‏אוֹמֵר‎ ‏_____‎ : ‏"שָׁלוֹם."‎

1 אַתָּה עמד√ ‏_____‎ בַּמַּעְגָּל.

2 גֶּשֶׁם ירד√ ‏_____‎ כָּל הַיּוֹם וְכָל הַלַּיְלָה.

3 אֶסְתֵּר נתן√ ‏_____‎ סֵפֶר לְדָוִד.

4 אֶסְתֵּר וְדָוִד הלך√ ‏_____‎ לְבֵית־הַכְּנֶסֶת.

5 אִמָּא אמר√ ‏_____‎ : ‏"יֵשׁ מַיִם בַּבַּיִת."‎

B. Fill in the past tense of the verb, using the given שֹׁרֶשׁ.

0 הַתַּלְמִיד אמר√ ‏אָמַר‎ ‏_____‎ : ‏"שָׁלוֹם!"‎

1 מִי נתן√ ‏_____‎ גֶּשֶׁם שֶׁל בְּרָכָה?

2 חוֹנִי לֹא הלך√ ‏_____‎ מִן הַמַּעְגָּל.

3 הָאֲנָשִׁים ירד√ ‏_____‎ אֶל הָרְחוֹב.

4 הוּא קרא√ ‏_____‎ סִפּוּר.

5 שָׂרָה כתב√ ‏_____‎ סִפּוּר עַל הַגֶּשֶׁם.

C. Add one or more words to make a complete sentence.

0 הַיֶּלֶד ___קוֹרֵא סֵפֶר.___ _____

1 חוֹנִי הַמְעַגֵּל _____

2 אֲנִי רוֹצֶה _____

3 הָאֲנָשִׁים _____

4 אֵין _____

5 יֵשׁ _____

6 זֶה _____

D. Write all the pronouns that agree with each verb.

אֲנִי / אַתָּה / אַתְּ / הוּא / הִיא / אֲנַחְנוּ / אַתֶּם / אַתֶּן הֵם / הֵן

0 לוֹמֵד ___אֲנִי, אַתָּה, הוּא___

6 _____ יָדְעָה	1 _____ הוֹלֶכֶת
7 _____ קוֹרְאִים	2 _____ הוֹלְכִים
8 _____ כּוֹתֵב	3 _____ נָתַן
9 _____ אוֹמֶרֶת	4 _____ עוֹמְדוֹת
10 _____ צוֹעֵק	5 _____ לוֹקְחוֹת

These unusual finds from the period of the Bar Kochba revolt were preserved because of the extremely dry air in the Judean desert.

יְחִידָה 4

אַלְבֶּרְט

[1] his	אִישׁ אֶחָד הוֹלֵךְ בַּסוּפֶּרְמַרְקֶט עִם הַיֶּלֶד שֶׁלּוֹ[1].
[1] cart	הַיֶּלֶד קָטָן. הַיֶּלֶד יוֹשֵׁב בָּעֲגָלָה[1]. הוּא בּוֹכֶה
[1] throws [2] food	וְצוֹעֵק. הוּא זוֹרֵק[1] אֹכֶל[2]. הַיֶּלֶד בּוֹכֶה וְזוֹרֵק
[1] milk [2] bread	חָלָב[1] וְלֶחֶם[2].

[1] father [2] voice	5 הָאָב[1] אוֹמֵר בְּקוֹל[2] יָפֶה וְשָׁקֵט: "שֶׁקֶט, אַלְבֶּרְט.
[1] to be [2] store	אֲנִי יוֹדֵעַ. אַתָּה לֹא רוֹצֶה לִהְיוֹת[1] בַּחֲנוּת[2]. אֲנִי
[1] understand [2] soon	מֵבִין[1]. אַתָּה רוֹצֶה לִהְיוֹת בַּבַּיִת. עוֹד מְעַט[2]
[1] finish [2] leave	אֲנַחְנוּ גּוֹמְרִים[1]. עוֹד מְעַט אֲנַחְנוּ עוֹזְבִים[2].
[1] return	עוֹד מְעַט אֲנַחְנוּ חוֹזְרִים[1] הַבַּיְתָה. שֶׁקֶט, אַלְבֶּרְט, שֶׁקֶט."
[1] things	10 אֲבָל הַיֶּלֶד בּוֹכֶה, צוֹעֵק, וְזוֹרֵק דְּבָרִים[1].

	אִשָּׁה אַחַת שׁוֹמַעַת וְחוֹשֶׁבֶת: "מַה זֶה? יֶלֶד בּוֹכֶה
[1] hits [2] is angry	וְצוֹעֵק, וְהָאָב לֹא מַכֶּה[1] אֶת הַיֶּלֶד! הָאָב לֹא כּוֹעֵס[2].
[1] to speak	הָאָב לֹא צוֹעֵק. אֲנִי רוֹצָה לְדַבֵּר[1] עִם הָאָב."

	הָאִשָּׁה הוֹלֶכֶת לָאָב וְאוֹמֶרֶת: "אַתָּה אַבָּא טוֹב.
[1] psychology	15 אַתָּה אַבָּא חָכָם. אַתָּה מֵבִין פְּסִיכוֹלוֹגִיָה[1]
	שֶׁל יְלָדִים. אַתָּה לֹא צוֹעֵק. אַתָּה לֹא כּוֹעֵס.
[1] loudly	אַתָּה לֹא מְדַבֵּר בְּקוֹל[1]. אַתָּה מְדַבֵּר בְּשֶׁקֶט.
[1] fortunate	אַתָּה אַבָּא טוֹב. אַלְבֶּרְט יֶלֶד מְאֻשָּׁר[1]."

[1] excuse me	הָאָב עוֹנֶה: "סְלִיחָה[1], אַתְּ לֹא מְבִינָה! אֲנִי אַלְבֶּרְט!"

75

מִלוֹן

his	שֶׁלוֹ
I, you, he throw(s)	זוֹרֵק – זרק√
food	אֹכֶל
milk	חָלָב
bread	לֶחֶם
father	אָב
mother	אֵם
voice	קוֹל
loudly	בְּקוֹל
I, you, he understand(s)	מֵבִין – בין√
to be	לִהְיוֹת – היה√
store	חֲנוּת
we, you, they finish	גוֹמְרִים – גמר√
we, you, they return	חוֹזְרִים – חזר√
thing, things	דָּבָר, דְּבָרִים
I am, you are, he is angry	כּוֹעֵס – כעס√
to speak	לְדַבֵּר – דבר√
excuse me, pardon me	סְלִיחָה

תַּרְגִּילִים

A. Circle the word which best completes the sentence, according to the story.

0 אִישׁ הוֹלֵךְ לַסוּפֶּרְמַרְקֶט עִם ה (יֶלֶד) כֶּלֶב מֶלֶךְ שֶׁלּוֹ.

1 הַיֶּלֶד עוֹמֵד הוֹלֵךְ צוֹעֵק .

2 הָאָב מְדַבֵּר בְּקוֹל בְּשֶׁקֶט .

3 הַיֶּלֶד זוֹרֵק סֵפֶר כֶּסֶף לֶחֶם .

4 הָאִשָּׁה מְדַבֶּרֶת בּוֹכָה צוֹעֶקֶת .

5 "אַלְבֶּרְט" הַשֵּׁם שֶׁל הַיֶּלֶד הָאָב הָאִשָּׁה .

B. Write these sentences in Hebrew.

0 The little boy is throwing food.

   _____ הַיֶּלֶד הַקָּטָן זוֹרֵק אֹכֶל _____

1 A man is walking with his child.

   _____

2 He is crying and shouting.

   _____

3 The father says in a nice and quiet voice, "Quiet, Albert."

   _____

4 The woman listens and says, "You are not angry."

   _____

5 The father answers, "Excuse me, you don't understand. I'm Albert!"

   _____

C. Circle the Hebrew words hidden in this puzzle vertically and horizontally. Then write each one next to its English meaning.

to speak	לְדַבֵּר	his

with		voice

a little bit		more

cries		but (2 times)

wise		father (2 times)

food		bread

is angry		milk

understands		what

boy _____   supermarket _____

this _____   excuse me _____

shouts _____   no (2 times) _____

return _____   Leah _____

things _____

You are left with 5 letters that have not been circled. When they are put together they spell a name. What name do they spell?

_____

Remains of a Jerusalem home set afire during the destruction of the Second Temple.

Interrogatives

In Hebrew there are two ways to ask questions:

1. by adding a question word (interrogative) at the beginning of a sentence;

2. by raising your voice at the end of a sentence.

Dan is writing.	דָן כּוֹתֵב.
Is Dan writing?	דָן כּוֹתֵב?

A question word or **interrogative** is added as the first word of the sentence.

Who?   ?מִי

Who is this (m.)?	מִי זֶה?
Who is in the house?	מִי בַּבַּיִת?
Who sits here?	מִי יוֹשֵׁב פֹּה?
Who sees a chair?	מִי רוֹאֶה כִּסֵּא?

Where?   ?אֵיפֹה

Where is Miriam?	אֵיפֹה מִרְיָם?
Where is the dog?	אֵיפֹה הַכֶּלֶב?
Where do you sit?	אֵיפֹה אַתָּה יוֹשֵׁב?
Where is she?	אֵיפֹה הִיא?

What?   ?מַה

What is this (f.)?	מַה זֹאת?
What are you saying?	מַה אַתָּה אוֹמֵר?
What are you learning?	מַה אַתָּה לוֹמֵד?
What is on the table?	מַה עַל הַשֻּׁלְחָן?

When ?

	מָתַי ?
When is father home?	מָתַי אַבָּא בַּבַּיִת ?
When do you study?	מָתַי אַתְּ לוֹמֶדֶת ?
When do they go home?	מָתַי הֵם הוֹלְכִים הַבַּיְתָה ?
When are the students here?	מָתַי הַתַּלְמִידִים פֹּה ?

We can also ask a question in Hebrew by placing the interrogative word הַאִם at the beginning of the sentence.

הַאִם cannot be translated into English; it takes the place of verbs *does*, *is*, and *are* in English questions.

	הַאִם
Does Dan write?	הַאִם דָּן כּוֹתֵב ?
Is Ruth a student?	הַאִם רוּת תַּלְמִידָה ?
Are they smart?	הַאִם הֵם חֲכָמִים ?

Notice: An interrogative word can introduce both a noun sentence and a verb sentence.

Cooking utensils of the Second Temple period, found in excavations of the Jewish Quarter within the walled city of Jerusalem.

תַּרְגִּילִים

A. Circle the correct answer to each question.

0 אֵיפֹה הָעִפָּרוֹן?
א. זֶה עִפָּרוֹן גָּדוֹל.
ב. זֶה הָעִפָּרוֹן שֶׁל דָּוִד.
(ג.) הָעִפָּרוֹן עַל הַשֻּׁלְחָן.

1 מִי אַתְּ?
א. אֲנִי בְּקָלִיפוֹרְנְיָה.
ב. אֲנִי רָחֵל.
ג. זֶה כִּסֵּא.

5 מִי בַּבַּיִת?
א. הַשֻּׁלְחָן בַּבַּיִת.
ב. זֶה בַּיִת חָדָשׁ.
ג. הָאָב וְהָאֵם בַּבַּיִת.

2 מָה אַתָּה לוֹמֵד?
א. אֲנִי לוֹמֵד בְּבֵית-הַסֵּפֶר.
ב. אֲנִי תַּלְמִיד.
ג. אֲנִי לוֹמֵד עִבְרִית.

6 מָה אַתְּ כּוֹתֶבֶת?
א. אֲנִי כּוֹתֶבֶת בַּמַּחְבֶּרֶת.
ב. אֲנִי כּוֹתֶבֶת סִפּוּר.
ג. אֲנִי כּוֹתֶבֶת עַל הַלּוּחַ.

3 אֵיפֹה הַמּוֹרֶה הַיּוֹם?
א. הַמּוֹרֶה צוֹעֵק.
ב. הַמּוֹרֶה בַּכִּתָּה.
ג. הַמּוֹרֶה עוֹנֶה.

7 הַאִם הַיֶּלֶד זָרַק אֹכֶל?
א. כֵּן, הַיֶּלֶד בַּחֲנוּת.
ב. כֵּן, הַיֶּלֶד צָעַק וּבָכָה.
ג. כֵּן, הַיֶּלֶד זָרַק אֹכֶל.

4 הַאִם הַכִּפָּה עַל הַשֻּׁלְחָן?
א. כֵּן, הַכִּפָּה עַל הַשֻּׁלְחָן.
ב. כֵּן, הַכִּפָּה שֶׁל מֹשֶׁה.
ג. כֵּן, זֹאת כִּפָּה.

8 מָתַי הֵם הָלְכוּ הַבַּיְתָה?
א. הֵם הָלְכוּ בָּעֶרֶב.
ב. הֵם הָלְכוּ לְבֵית הַכְּנֶסֶת.
ג. הַבַּיִת יָפֶה מְאֹד.

B. Can you turn these statements into questions? Practice reading them
    aloud after you write them as questions.

0 מֹשֶׁה לוֹמֵד עִבְרִית.   ‏הַאִם מֹשֶׁה לוֹמֵד עִבְרִית ?   or _____

   _____ מֹשֶׁה לוֹמֵד עִבְרִית ?

1 אַתָּה הוֹלֵךְ לְבֵית-הַכְּנֶסֶת. _____

2 הַיֶּלֶד צָעַק. _____

3 הָאָב לֹא כּוֹעֵס. _____

4 גֶּשֶׁם יָרַד בַּלַּיְלָה. _____

5 הַמּוֹרֶה חוֹלֶה. _____

Translate the questions you have written into English.

0 _Is Moshe learning Hebrew?_

1 _____

2 _____

3 _____

4 _____

5 _____

C. Here is a list of answers. Write an appropriate question for each
answer. Use one of these interrogatives: מָתַי, מָה, מִי, אֵיפֹה.

0 זֶה שֻׁלְחָן.　　מַה זֶה ? _____ ?

1 זֶה סֵפֶר. _____ ?

2 יְרוּשָׁלַיִם בְּיִשְׂרָאֵל. _____ ?

3 הַמּוֹרָה גְּבֶרֶת לֵוִי. _____ ?

4 גֶּשֶׁם יָרַד כָּל הַיּוֹם. _____ ?

5 הַמּוֹרֶה עוֹמֵד עַל־יַד הַלּוּחַ. _____ ?

6 הַכִּפָּה עַל הָרֹאשׁ שֶׁל דָּוִד. _____ ?

7 אֲנִי לוֹמֵד עִבְרִית בְּבֵית־הַסֵּפֶר. _____ ?

8 זֹאת הַחֲבֵרָה שֶׁלִּי. _____ ?

9 אַלְבֶּרְט בַּחֲנוּת. _____ ?

10 אֲנִי הוֹלֵךְ לְבֵית הַכְּנֶסֶת־בְּשַׁבָּת. _____ ?

Stone ossuary from the end of the Second Temple period, found in a tomb-cave near
Jerusalem. The inscription: Mother.

The Direct Object of the Verb; Use of אֶת

David writes a letter.			דָּוִד כּוֹתֵב מִכְתָּב.		
s	v	o	o	v	s
Father reads a book.			אַבָּא קוֹרֵא סֵפֶר.		
s	v	o	o	v	s

Some sentences contain only a subject and a verb. However, most sentences also contain an object.
The direct object receives the action of the verb.

The direct object may be **indefinite** or **definite**

Dan reads **a book.**   דָּן קוֹרֵא סֵפֶר.

Dan reads **the book.**   דָּן קוֹרֵא אֶת הַסֵּפֶר.

When the direct object of the verb is indefinite, a Hebrew sentence reads like an English sentence.

Dan reads a book.	דָּן קוֹרֵא סֵפֶר.
indef. o.	indef. o.

When the **direct object** of the verb is **definite**, Hebrew uses the **cue word** אֶת. The word אֶת has no meaning.

The word אֶת is placed after the verb and before the **definite direct object**, which **has the prefix הַ attached to it.**

Dan reads **the** book.	דָּן קוֹרֵא אֶת הַ+סֵפֶר.
def. o.	o. def.
article	article

Proper names (people, places) **are always considered definite,** and **require the cue word** אֶת.

However, they do *not* require the definite article ה.

I see Dan.	אֲנִי רוֹאֶה אֶת דָּן.
<u> </u> def.	def.
dir.	dir.
o.	o.

Remember: אֶת is a cue word for a definite direct object. It has no meaning.

תַּרְגִּילִים

A.   In each of the following sentences, write **s** over each subject, **v** over each verb, and **o** over each direct object.

        s   v   o
0 Lincoln freed the slaves.

1 Abraham smashed the idols.

2 Esau sold his birthright.

3 Moses received the commandments.

4 The whale swallowed Jonah.

5 The Israelis won the war.

B. 1. Write **s** over each subject, **v** over each verb, and **o** over each direct object.

2. Change each sentence so that all the direct objects are definite.

0 אֲנִי קוֹרֵא סֵפֶר.   אֲנִי קוֹרֵא אֶת הַסֵּפֶר.

1 דָּוִד כּוֹתֵב מִלָּה.

2 הָאִישׁ שָׁמַע קוֹל.

3 הוּא שׁוֹאֵל שְׁאֵלָה.

4 הָרַב אָמַר תְּפִלָּה.

5 מִי רוֹצֶה אֹכֶל?

6 אִמָּא נוֹתֶנֶת כֶּסֶף.

7 הֵם אָמְרוּ בְּרָכָה.

8 מִי לָקַח עֶפְרוֹן?

9 הֵם רוֹאִים כֶּלֶב.

10 מִרְיָם גָּמְרָה סִפּוּר.

Bronze *prutah*, Jerusalem, 67 C.E.

C. Circle the word or phrase that completes each sentence correctly.

0 הָאָב לָקַח אֶת הַיֶּלֶד יֶלֶד.

1 חַיִּים רָאָה אַבְרָהָם אֶת אַבְרָהָם.

2 הוּא יוֹדֵעַ בְּרָכָה הַבְּרָכָה.

3 הַתַּלְמִיד כָּתַב סִפּוּר הַסִּפּוּר.

4 שָׁלוֹם זָרַק אֶת אֹכֶל הָאֹכֶל.

5 הַחַזָּן שָׁר הַתְּפִלָּה תְּפִלָּה.

6 אֲנִי רוֹאֶה מִרְיָם אֶת מִרְיָם.

7 הַבֵּן שָׁאַל אֶת הַשְּׁאֵלָה שְׁאֵלָה.

8 אֲנַחְנוּ רוֹצִים אֶת לֵאָה לֵאָה.

9 אֲנִי קוֹרֵא סֵפֶר הַסֵּפֶר.

10 הַיֶּלֶד שָׁמַע קוֹל הַקּוֹל.

D. Write in Hebrew.

0 The teacher reads the story.

הַמּוֹרֶה קוֹרֵא אֶת הַסִּפּוּר.

1 The student took the notebook.

_____

2 Dan sees Sarah.

_____

3 He is writing a book.

_____

4 Do you understand the teacher?

_____

5 Do you want bread and milk?

_____

Riddles   חידות

You will find the answers on page 92.

1 אַתָּה יֶלֶד אוֹ יַלְדָּה?

אֲנִי יַלְדָּה.
אֵיפֹה אַתְּ גָּרָה? (live)
אֲנִי גָּרָה בְּקַלִיפוֹרְנְיָה.
הַאִם אַתְּ עוֹבֶדֶת? (work)
לֹא, אֲנִי לֹא עוֹבֶדֶת.
מָה אַתְּ עוֹשָׂה?
אֲנִי לוֹמֶדֶת.
מָה אַתְּ לוֹמֶדֶת?
אֲנִי לוֹמֶדֶת עִבְרִית וְאַנְגְּלִית.

מִי אַתְּ?

אֲנִי _____

2 אַתָּה אִישׁ אוֹ אִשָּׁה?

אֲנִי אִישׁ.
אֵיפֹה אַתָּה גָּר?
אֲנִי גָּר בְּלוֹס אַנְגֶ׳לֶס.
אַתָּה עוֹבֵד?
כֵּן, אֲנִי עוֹבֵד.
אֵיפֹה אַתָּה עוֹבֵד?
אֲנִי עוֹבֵד בְּבֵית-סֵפֶר עִבְרִי.
מָה אַתָּה עוֹשֶׂה בְּבֵית-סֵפֶר?
אֲנִי מְלַמֵּד. (teach)

מִי אַתָּה?

אֲנִי _____

Riddles   חִידוֹת

3 אַתָּה אִישׁ אוֹ אִשָּׁה?

אֲנִי אִשָּׁה.

אֵיפֹה אַתְּ גָּרָה?

אֲנִי גָּרָה בְּאֶרֶץ פָּרַס. (Persia)

אַתְּ יְהוּדִיָּה?

כֵּן, אֲנִי יְהוּדִיָּה.

מָה אַתְּ עוֹשָׂה?

אֲנִי מַלְכָּה. אֲנִי חֲבֵרָה שֶׁל כָּל הַיְּהוּדִים.

מִי אַתְּ?

אֲנִי _____.

4 אַתָּה אִישׁ אוֹ אִשָּׁה?

אֲנִי אִישׁ.

אֵיפֹה אַתָּה עוֹבֵד?

אֲנִי עוֹבֵד בְּבֵית-הַכְּנֶסֶת.

מָה אַתָּה עוֹשֶׂה?

אֲנִי קוֹרֵא אֶת הַתְּפִלּוֹת בְּעִבְרִית וּבְאַנְגְּלִית.

מָה עוֹד?

אֲנִי מְדַבֵּר לְבַר-מִצְוָה.

מָה עוֹד?

אֲנִי אוֹמֵר "שַׁבָּת שָׁלוֹם" לְכָל הָאֲנָשִׁים.

מִי אַתָּה?

אֲנִי _____.

תַּרְגִּילִים לַחֲזָרָה

A. Rewrite each sentence so that it is negative.

0 יֵשׁ סְפָרִים עַל הַשֻּׁלְחָן. _אֵין סְפָרִים עַל הַשֻּׁלְחָן_

1 אַתָּה מְדַבֵּר עִבְרִית. _____

2 יֵשׁ כֶּלֶב בַּבַּיִת. _____

3 הוּא בּוֹכֶה. _____

4 יֵשׁ שֶׁקֶט בְּבֵית-הַכְּנֶסֶת. _____

5 הַיְלָדִים הָלְכוּ הַבַּיְתָה. _____

6 יֵשׁ לֶחֶם בַּחֲנוּת. _____

B. Write each sentence in the feminine.

0 זֶה יֶלֶד. _זֹאת יַלְדָּה._

1 זֶה מוֹרֶה. _____

2 זֶה אִישׁ. _____

3 זֶה דּוֹד. _____

4 זֶה אַבָּא. _____

5 זֶה תַּלְמִיד. _____

6 זֶה מֹשֶׁה. _____

C. Write each sentence in the plural.

0 זֶה סִפּוּר. <u>אֵלֶּה סִפּוּרִים.</u>   3 זֹאת תְּפִלָּה. _____

1 זֹאת בְּרָכָה. _____   4 זֶה סִדּוּר. _____

2 זֶה עֵץ. _____   5 זֹאת מְזוּזָה. _____

D. Rewrite each sentence in the past tense.

0 הַיְלָדִים הוֹלְכִים לְבֵית-הַסֵּפֶר. <u>הַיְלָדִים הָלְכוּ לְבֵית-הַסֵּפֶר.</u>

1 דָּן לוֹמֵד עִבְרִית. _____

2 שָׂרָה כּוֹתֶבֶת סִפּוּר. _____

3 דָּוִד חוֹזֵר הַבַּיְתָה. _____

4 הִיא אוֹמֶרֶת, "שֶׁקֶט!" _____

5 הוּא צוֹעֵק וְזוֹרֵק אֹכֶל. _____

6 אַבָּא לֹא כּוֹעֵס. _____

7 הֵם יוֹשְׁבִים בַּכִּתָּה. _____

8 שׁוֹשַׁנָּה וְלֵאָה אוֹכְלוֹת לֶחֶם. _____

9 מִרְיָם עוֹמֶדֶת בַּבַּיִת. _____

10 הַיְלָדִים נוֹתְנִים כֶּסֶף לִצְדָקָה. _____

Answers to riddles: 4 רַב   3 אֶסְתֵּר הַמַּלְכָּה   2 מוֹרָה   1 תַּלְמִידָה

E. Complete each sentence by changing the verb to agree with the new subject.

0   הָאִישׁ רוֹצֶה מַיִם.

הָאִשָּׁה רוֹצָה מַיִם.

הָאֲנָשִׁים רוֹצִים מַיִם.

1   הוּא עוֹלֶה לְאֶרֶץ יִשְׂרָאֵל.

הֵיו

אֲנַחְנוּ

2   דָּן שׁוֹתֶה חָלָב בַּבֹּקֶר.

רוּת

דָּן וְרוּת

3   יֶלֶד קָטָן בּוֹכֶה.

יַלְדָּה קְטַנָּה

יְלָדִים קְטַנִּים

4   רְאוּבֵן רוֹאֶה כֶּלֶב בַּכִּתָּה.

רִינָה

הַתַּלְמִידוֹת

5   מָה אַתָּה עוֹשֶׂה פֹּה?

מָה אַתְּ

מָה אַתֶּם

הַשּׁוּק[1] בְּיִשְׂרָאֵל

[1] market

בְּיִשְׂרָאֵל אֲנָשִׁים קוֹנִים בַּסּוּפֶּרְמַרְקֶט.
הֵם קוֹנִים גַּם בַּשּׁוּק.
מַה זֶה שׁוּק? הַשּׁוּק בָּרְחוֹב, בַּחוּץ.
שָׁם קוֹנִים לֶחֶם, עוּגָה[1], מֶלוֹן, פִּלְפֵּל, גֵּרוֹת,
5   סְפָרִים, בְּגָדִים[1], פְּרָחִים[2] — הַכֹּל[3].

[1] cake

[1] clothing [2] flowers [3] everything

הַחֶנְוָנִים[1] צוֹעֲקִים: "פִּלְפֵּל, פִּלְפֵּל חַם וְטוֹב.
אֲנִי הַמֶּלֶךְ שֶׁל הַפִּלְפֵּל!"
הֵם צוֹעֲקִים: "מֶלוֹן, מֶלוֹן, עֲשָׂרָה[1] שְׁקָלִים!"
הֵם צוֹעֲקִים: "בָּשָׂר[1], בָּשָׂר — מֵאָה[2] שֶׁקֶל
10   לְקִילוֹ[1] בָּשָׂר."
הֵם צוֹעֲקִים: "נֵרוֹת, נֵרוֹת לְשַׁבָּת."
יֵשׁ הַרְבֵּה אֲנָשִׁים. כָּל הָאֲנָשִׁים בָּאִים, צוֹעֲקִים
וְקוֹנִים.

[1] storekeepers

[1] ten

[1] meat [2] hundred

[1] kilogram

בְּיוֹם חֲמִישִׁי[1] וּבְיוֹם שִׁשִּׁי[2] כָּל הָאֲנָשִׁים
15   בָּאִים לַשּׁוּק לִקְנוֹת[1] בָּשָׂר, חַלּוֹת, גֵּרוֹת,
פְּרָחִים, וְיַיִן לְשַׁבָּת.
בְּשַׁבָּת הַשּׁוּק הַיְהוּדִי[1] סָגוּר[2].

[1] Thursday [2] Friday

[1] to buy

[1] Jewish [2] closed

מִלּוֹן

market	שׁוּק
cake	עוּגָה
clothing	בֶּגֶד, בְּגָדִים
everything	הַכֹּל
ten (m.)	עֲשָׂרָה
meat	בָּשָׂר
one hundred	מֵאָה
Jewish	יְהוּדִי

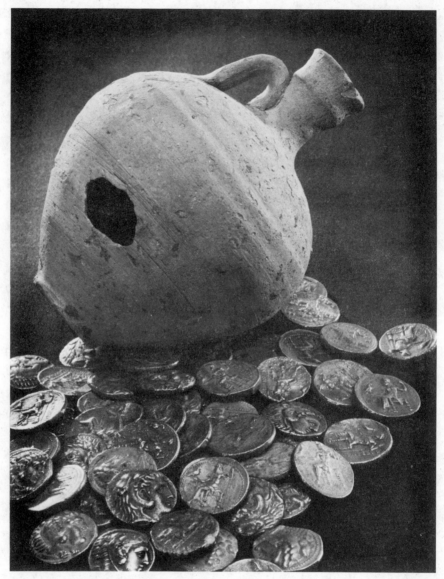

Hoard of coins, found at Tell Zippor.

אלברט

איש אחד הולך בסוּפֶּרמַרקט עם הילד שלו. הילד קטן. הילד יושב
בעֲגלה. הוא בוכה וצועק, הוא זורק אוכל. הילד בוכה וזורק חלב
ולחם.

האב אומר בקול יפה וְשָׁקֵט: "שֶׁקֶט, אלברט. אני יודע. אתה לא
רוצה להיות בחנות. אני מבין. אתה רוצה להיות בבית. עוד מעט
5 אנחנו גומרים. עוד מעט אנחנו עוזבים. עוד מעט אנחנו חוזרים
הביתה. שקט, אלברט, שקט."
אבל הילד בוכה, צועק, זורק דברים.

אשה אחת שומעת וחושבת: "מה זה? ילד בוכה וצועק, והאב לא
10 מכֶּה את הילד! האב לא כועס. האב לא צועק. אני רוצה לדַבּר עם
האב."

האשה הולכת לאב ואומרת: "אתה אבא טוב. אתה אבא חכם.
אתה מבין פְּסִיכוֹלוֹגְיָה של ילדים. אתה לא צועק. אתה לא כועס.
אתה לא מדַבּר בקול. אתה מדבר בשקט. אתה אבא טוב.
15 אלברט ילד מאושר."

האב עונה: "סליחה, את לא מְבִינה! אני אלברט!"

יְחִידָה 5

יַיִן וּמַיִם

¹city ²died ³mayor   בְּעִיר¹ אַחַת מֵת² רֹאשׁ הָעִיר³. הָאֲנָשִׁים בָּעִיר
¹chose   בָּחֲרוּ¹ רֹאשׁ עִיר חָדָשׁ.

¹custom ²when   בָּעִיר הַזֹּאת הָיָה הַמִּנְהָג¹ הַזֶּה: כַּאֲשֶׁר² בָּחֲרוּ
    רֹאשׁ עִיר חָדָשׁ, כָּל אֶחָד נָתַן מַתָּנָה¹ —
¹gift

5   כַּד¹ מָלֵא² יַיִן. לִפְנֵי הַבַּיִת שֶׁל רֹאשׁ הָעִיר
¹pitcher ²full (of)
¹barrel   עוֹמֶדֶת חָבִית¹ גְּדוֹלָה. בָּעֶרֶב כָּל הָאֲנָשִׁים בָּאִים
¹put ²their   אֶל הֶחָבִית וְשָׂמִים¹ אֶת הַיַּיִן שֶׁלָּהֶם² בֶּחָבִית.

¹poor ²liked   הָאֲנָשִׁים בָּעִיר הָיוּ עֲנִיִּים¹ וְלֹא אָהֲבוּ² אֶת הַמִּנְהָג.
¹will give   כָּל אֶחָד חָשַׁב: אִם אֲנִי אֶתֵּן¹ מַיִם וְלֹא יַיִן,
¹will know ²that   10   מִי יֵדַע¹? מִי יֵדַע שֶׁיֵּשׁ² בֶּחָבִית שֶׁל יַיִן רַק
    כַּד אֶחָד שֶׁל מַיִם? אֲבָל כָּל אֶחָד חָשַׁב שֶׁרַק הוּא
    עָשָׂה אֶת הַדָּבָר הַזֶּה.

¹opened   רֹאשׁ הָעִיר פָּתַח¹ אֶת הֶחָבִית וְשָׁתָה.
    מָה הוּא רָאָה? הֶחָבִית מְלֵאָה מַיִם!

15   רֹאשׁ הָעִיר הָיָה אִישׁ חָכָם. הוּא לֹא צָעַק וְהוּא
    לֹא כָּעַס.

    בַּבֹּקֶר כָּל הָאֲנָשִׁים בָּאוּ אֶל הַבַּיִת שֶׁל רֹאשׁ הָעִיר.
    הוּא אָמַר: "תּוֹדָה עַל הַמַּתָּנָה הַיָּפָה — חָבִית
    מְלֵאָה יַיִן. הַכֹּל טוֹב וְיָפֶה. אֲבָל יֵשׁ אִישׁ רַע פֹּה.

הוּא לֹא נָתַן לִי[1] אֶת הַיַּיִן. הוּא שָׂם שָׁם כַּד מַיִם בֶּחָבִית. 20
אֲנִי יוֹדֵעַ מִי הוּא — אֲבָל הַיּוֹם יֵשׁ חַג גָּדוֹל
בָּעִיר. אֲנִי לֹא רוֹצֶה לַעֲשׂוֹת[1] דָּבָר רַע
בְּיוֹם שִׂמְחָה[1]. עַכְשָׁו אֲנִי שָׂם שָׁם חָבִית חֲדָשָׁה לִפְנֵי
הַבַּיִת שֶׁלִּי. אִם הָאִישׁ יָבוֹא[1] בַּלַּיְלָה וְיָשִׂים[2]
אֶת הַיַּיִן בֶּחָבִית, אֲנִי אֶסְלַח לוֹ[1]." 25

כָּל הָאֲנָשִׁים שָׁמְעוּ. כָּל אֶחָד חָשַׁב שֶׁרֹאשׁ הָעִיר
דִּבֵּר[1] רַק אֵלָיו[2].

בַּלַּיְלָה כָּל הָאֲנָשִׁים בָּאוּ — אֶחָד אֶחָד — וְשָׂמוּ
יַיִן בֶּחָבִית. וְהֶחָבִית הָיְתָה[1] מְלֵאָה יַיִן טוֹב.

**Footnote glosses (left margin, top to bottom):**
[1] to me
[1] to do
[1] joy
[1] will come [2] will put
[1] will forgive him
[1] spoke [2] to him
[1] was

מִלּוֹן

English	Hebrew
city (f.)	עִיר
died	מֵת
when	כַּאֲשֶׁר
gift	מַתָּנָה
we, you, they put	שִׂים√ — שָׂמִים
their	שֶׁלָּהֶם
poor	עָנִי, עֲנִיָּה, עֲנִיִּים
they liked, loved	אהב√ — אָהֲבוּ
that	שֶׁ...
to do	עשה√ — לַעֲשׂוֹת
he opened	פתח√ — פָּתַח
to me	לִי
to him	לוֹ
joy, joyful occasion	שִׂמְחָה
I will forgive	סלח√ — אֶסְלַח
he spoke	דבר√ — דִּבֵּר
she was	הָיְתָה

תַּרְגִּילִים

A.   Circle the answer that best completes each sentence.

0   שֵׁם הַסִּפּוּר הַזֶּה
א.   מַיִם וְיַיִן.
ב.   יַיִן וּמַיִם.
ג.   יַיִן טוֹב.

1   כַּאֲשֶׁר בָּחֲרוּ רֹאשׁ עִיר חָדָשׁ הַמִּנְהָג הָיָה
א.   שֶׁכָּל אִישׁ נוֹתֵן לוֹ חָבִית גְּדוֹלָה.
ב.   שֶׁעוֹשִׂים שִׂמְחָה גְּדוֹלָה.
ג.   שֶׁכָּל אִישׁ נוֹתֵן לוֹ כַּד יַיִן.

2   כָּל אֶחָד בָּעִיר חָשַׁב:
א.   אֲנִי נוֹתֵן יַיִן וְלֹא מַיִם.
ב.   אֲנִי נוֹתֵן מְעַט יַיִן.
ג.   אֲנִי נוֹתֵן מַיִם וְלֹא יַיִן.

3   הָאֲנָשִׁים לֹא רָצוּ אֶת הַמִּנְהָג כִּי
א.   הֵם לֹא אָהֲבוּ אֶת רֹאשׁ הָעִיר.
ב.   הֵם הָיוּ עֲנִיִּים.
ג.   הַמִּנְהָג לֹא יָפֶה.

4   כַּאֲשֶׁר רֹאשׁ הָעִיר רָאָה אֶת הָאֲנָשִׁים הוּא
א.   אָמַר תּוֹדָה עַל הַמַּתָּנָה הַיָּפָה.
ב.   כָּעַס וְצָעַק.
ג.   נָתַן לָהֶם מַתָּנוֹת יָפוֹת.

5   רֹאשׁ הָעִיר אָמַר: אֲנִי אֶסְלַח לָאִישׁ הָרַע
א.   שֶׁשָּׂם חָבִית חֲדָשָׁה לִפְנֵי הַבַּיִת.
ב.   שֶׁשָּׂם כַּד יַיִן בֶּחָבִית.
ג.   שֶׁעוֹשֶׂה שִׂמְחָה גְּדוֹלָה בָּעִיר.

6   הָאֲנָשִׁים שָׁמְעוּ מַה שֶּׁרֹאשׁ הָעִיר אָמַר וְכָל אֶחָד
א.   שָׂם כַּד יַיִן בֶּחָבִית.
ב.   אָמַר סְלִיחָה לְרֹאשׁ הָעִיר.
ג.   שָׁתָה כַּד יַיִן וְהָיָה שָׂמֵחַ.

B. Arrange the following sentences in the correct order, according to the story.

_____ הָאֲנָשִׁים שָׂמוּ מַיִם בֶּחָבִית.

_____ הָאֲנָשִׁים שָׂמוּ יַיִן בֶּחָבִית.

_1___ רֹאשׁ הָעִיר מֵת.

_____ רֹאשׁ הָעִיר דִּבֵּר אֶל הָאֲנָשִׁים.

_____ הָאֲנָשִׁים בָּחֲרוּ אִישׁ חָדָשׁ.

C. Fill in the puzzle with the Hebrew meanings of the English words. Do not use final letters or vowels.

1   gift _____ אתננה _____

2   he gives _____

3   poor _____

4   he does _____

5   they put _____

6   he drank _____

7   joy _____

8   new _____

9   thing _____

10 he loved _____

11 head _____

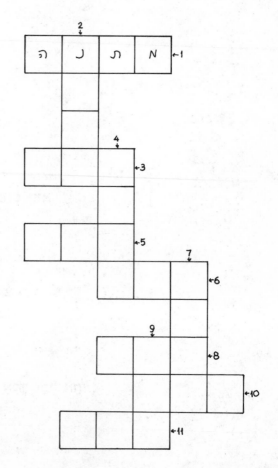

D. Write each of the following sentences in Hebrew.

0 One day the Mayor died.

_____ יוֹם אֶחָד רֹאשׁ הָעִיר מֵת.

1 The people chose a new man.

_____

2 Everyone gave a gift (to) the mayor.

_____

3 They gave (to) him water and not wine.

_____

4 The Mayor said: "There is a bad man here. He did not give (to) me wine."

_____

5 The people came at night and put good wine in the barrel.

_____

Storage jar for wine, found at Avdat in the Negev.

Adjectives

An **adjective** is a word that **describes or modifies a noun.**

> A <u>student</u> wrote a <u>letter</u>.
>   **n**   **n**
>
> A <u>tall</u> <u>student</u> wrote a <u>letter</u>.
> **adj**   **n**   **n**
>
> A <u>student</u> wrote a <u>long</u> <u>letter</u>.
>   **n**   **adj** **n**

In an English sentence, the subject (**s**) or the object (**o**) is usually a noun. An adjective can describe or modify both the subject and the object.

> A <u>tall</u> <u>student</u> wrote a <u>long</u> <u>letter</u>.
> **adj**   **n**   **adj** **n**

1. Position of adjectives

> <u>good</u> <u>book</u>   סֵפֶר טוֹב
> **adj**   **n**   **adj** **n**

In English, the adjective comes before the noun it modifies (describes). In Hebrew, **the adjective follows the noun it modifies.**

2. Agreement of adjectives and nouns

m.s.	תַּלְמִיד טוֹב
f.s.	תַּלְמִידָה טוֹבָה
m.pl.	תַּלְמִידִים טוֹבִים
f.pl.	תַּלְמִידוֹת טוֹבוֹת

The adjective must agree in number and gender with the noun it modifies.

3. Adjectives with indefinite and definite articles

a large house	בַּיִת גָּדוֹל
the large house	הַבַּיִת הַגָּדוֹל

If the noun is definite (has a ה before it), **the adjective that modifies it must also be definite.** It must also have a ה before it.

Summary of adjectives

1. In Hebrew, adjectives always follow the noun they modify.

מוֹרֶה טוֹב

יַלְדָּה יָפָה

2. Adjectives must agree with the noun in number and gender.

יֶלֶד חָדָשׁ

כִּתָּה טוֹבָה

תַּלְמִידִים חֲכָמִים

מְנוֹרוֹת גְּדוֹלוֹת

3. If the noun is indefinite, the adjective must also be indefinite.

בֵּן קָטָן

תְּפִלָּה יָפָה

If the noun is definite, the adjective must also be definite.

הַבֵּן הַקָּטָן

הַתְּפִלָּה הַיָּפָה

תַּרְגִּילִים

A. Circle the adjectives in the following sentences.

0 We saw a (good) movie.

1 Solomon was a wise king.

2 She is wearing a blue sweater and a white hat.

3 The old man has an interesting face.

4 I am a happy person.

5 He bought six big apples.

B. Circle the correct form of the adjective. (*Remember*: An adjective must agree with the noun in gender and number.)

0 רִבְקָה יַלְדָּה   יָפֶה   (יָפָה.)

1 אַבְרָהָם אִישׁ   טוֹב   טוֹבָה.

2 הַמִּשְׁפָּחָה שֶׁלִּי   קָטֹן   קְטַנָּה.

3 הַיּוֹם יוֹם   יָפֶה   יָפָה.

4 הַשִּׂמְחָה הָיְתָה   גָּדוֹל   גְּדוֹלָה.

5 הַמּוֹרֶה נָתַן לִי סֵפֶר   חָדָשׁ   חֲדָשָׁה.

6 הַמּוֹרוֹת שֶׁלּוֹ   טוֹבִים   טוֹבוֹת.

7 הַמֶּלֶךְ הָיָה אִישׁ   רַע   רָעָה.

8 הָאֲנָשִׁים הָיוּ   עָנִי   עֲנִיִּים.

9 הָאֵם וְהַבַּת   יָפִים   יָפוֹת.

10 אַתֶּם תַּלְמִידִים   חֲכָמִים   חֲכָמוֹת.

C. Here is a list of adjectives.

חָכָם – חֲכָמָה   יָפֶה – יָפָה
חָדָשׁ – חֲדָשָׁה   טוֹב – טוֹבָה
עָנִי – עֲנִיָּה   רַע – רָעָה
עָשִׁיר – עֲשִׁירָה   שָׂמֵחַ – שְׂמֵחָה
יְהוּדִי – יְהוּדִיָּה   קָטָן – קְטַנָּה
זָקֵן – זְקֵנָה (old, for people)   גָּדוֹל – גְּדוֹלָה

Choose one adjective to describe each of the nouns below.

0 אָב __טוֹב__ _____

1 חָבֵר _____   6 אֵם _____

2 מוֹרֶה _____   7 אִישׁ _____

3 תַּלְמִידָה _____   8 בַּיִת _____

4 כֶּלֶב _____   9 מַתָּנָה _____

5 בְּרָכָה _____   10 בַּת _____

Now choose one of the adjectives to describe *yourself* in the following places.

0 בַּבַּיִת אֲנִי __שָׂמֵחַ__ or __שְׂמֵחָה__. _____

1 בְּבֵית-הַסֵּפֶר אֲנִי _____

2 בַּכִּתָּה הַזֹּאת אֲנִי _____

3 בְּבֵית-הַכְּנֶסֶת אֲנִי _____

4 בָּרְחוֹב אֲנִי _____

5 בַּחֲנוּת אֲנִי _____

D. Write the correct form of the adjective. (*Remember*: If the noun is definite, the adjective must also be definite.)

0 הַמְּנוֹרָה יָפָה <u>הַיָּפָה</u> עַל הַשֻּׁלְחָן.

1 בַּמִּשְׁפָּחָה יֵשׁ בֵּן קָטָן _____ .

2 הַיֶּלֶד גָּדוֹל _____ הוֹלֵךְ לְבֵית-הַסֵּפֶר.

3 הַתַּלְמִיד טוֹב _____ לוֹמֵד.

4 הוּא כָּתַב סִפּוּר יָפֶה _____ .

5 הָאִישׁ זָקֵן _____ יָשַׁב בַּבַּיִת.

E. Write in the plural.

0 הַמּוֹרָה הַטּוֹבָה   <u>הַמּוֹרוֹת הַטּוֹבוֹת</u>

1 הָעֵץ הַקָּטָן _____

2 חָבֵר טוֹב _____

3 הַכִּתָּה הַגְּדוֹלָה _____

4 הַדּוֹדָה הַטּוֹבָה _____

5 אִישׁ עָנִי _____

6 מַתָּנָה יָפָה _____

7 הַמִּשְׁפָּחָה הַגְּדוֹלָה _____

8 כֶּלֶב חָכָם _____

Adjectives in Noun Sentences

The house (is) big.	הַבַּיִת גָּדוֹל.
the big house ...	הַבַּיִת הַגָּדוֹל ...

הַבַּיִת גָּדוֹל is a complete noun sentence.

הַבַּיִת הַגָּדוֹל is *not* a complete sentence. It is a phrase: a noun and its adjective modifier.

The ה in front of the adjective (הַגָּדוֹל) is our *clue* that we are reading an incomplete sentence — a noun and the adjective that agrees with it.

תַּרְגִּילִים

A. Translate the following.

0 הַתַּלְמִיד טוֹב _The student is good._

הַתַּלְמִיד הַטוֹב _the good student_

1 הַמִּשְׁפָּחָה גְדוֹלָה _____

הַמִּשְׁפָּחָה הַגְּדוֹלָה _____

2 הָאִישׁ זָקֵן _____

הָאִישׁ הַזָּקֵן _____

3 הַחֶדֶר קָטָן _____

הַחֶדֶר הַקָטָן _____

4 הַכֶּלֶב חָכָם _____

הַכֶּלֶב הֶחָכָם _____

B. Circle the correct phrase or sentence that means the same as the English.

0 the big book

א. סֵפֶר גָּדוֹל

ב. הַסֵּפֶר גָּדוֹל

ג. הַסֵּפֶר הַגָּדוֹל

1 a big blessing

א. בְּרָכָה גְדוֹלָה

ב. הַבְּרָכָה גְדוֹלָה

ג. הַבְּרָכָה הַגְּדוֹלָה

2 the good friend

א. חֲבֵרָה טוֹבָה

ב. הַחֲבֵרָה טוֹבָה

ג. הַחֲבֵרָה הַטּוֹבָה

3 The students are wise.

א. הַתַּלְמִידִים חֲכָמִים

ב. תַּלְמִידִים חֲכָמִים

ג. הַתַּלְמִידִים הַחֲכָמִים

4 old men

א. אֲנָשִׁים זְקֵנִים

ב. הָאֲנָשִׁים זְקֵנִים

ג. הָאֲנָשִׁים הַזְּקֵנִים

5 The menorah is pretty.

א. מְנוֹרָה יָפָה

ב. הַמְּנוֹרָה יָפָה

ג. הַמְּנוֹרָה הַיָּפָה

C. Circle the form of the adjective that correctly completes each sentence.

0 הַשֻׁלְחָן גָדוֹל (הַגָדוֹל) בַּחֶדֶר.

1 יֶלֶד קָטָן הַקָטָן צוֹעֵק וּבוֹכֶה.

2 הַסֻׁכָּה יָפָה הַיָפָה עָמְדָה עַל־יַד הַבַּיִת.

3 הַמוֹרָה יָפָה הַיָפָה וְהַיְלָדִים שְׂמֵחִים.

4 הַמַחְבֶּרֶת זֹאת הַזֹאת שֶׁלִי.

5 יֵשׁ בַּיִת יָפֶה הַיָפֶה בִּרְחוֹב בֶּן־גּוּרְיוֹן.

6 הַיְלָדִים אֵלֶה הָאֵלֶה לֹא בָּאוּ לַכִּתָּה הַיוֹם.

7 "שָׁנָה טוֹבָה הַטוֹבָה!" אָמְרוּ כָּל הָאֲנָשִׁים.

8 כֶּלֶב גָדוֹל הַגָדוֹל עַל־יַד הַבַּיִת.

9 הַיוֹם יָפֶה הַיָפֶה וַאֲנִי הוֹלֵךְ אֶל הֶהָרִים.

10 הַשְׁאֵלָה טוֹבָה הַטוֹבָה אֲבָל אֲנִי לֹא יוֹדֵעַ אֶת הַתְּשׁוּבָה.

Roman amphitheatre (c. 200 C.E.) in Bet She'an.

אֹכֶל

English	Hebrew
milk	חָלָב
butter	חֶמְאָה
egg	בֵּיצָה, בֵּיצִים
cheese	גְּבִינָה
fish	דָּג, דָּגִים
meat	בָּשָׂר
chicken	עוֹף
bread	לֶחֶם
hallah	חַלָּה
pita	פִּתָּה
felafel	פָלָפֶל
potato	תַּפּוּחַ־אֲדָמָה
vegetables	יְרָקוֹת
fruit	פֵּרוֹת
apple	תַּפּוּחַ
orange	תַּפּוּז
banana	בָּנָנָה
grapes	עֲנָבִים
coffee	קָפֶה
tea	תֶּה
juice	מִיץ
wine	יַיִן
cake	עוּגָה
cookies	עוּגִיּוֹת
ice cream	גְּלִידָה
to buy	לִקְנוֹת – קנה√
to sell	לִמְכֹּר – מכר√
how much does it cost?	{ כַּמָּה עוֹלָה ... \ כַּמָּה עוֹלֶה ...

ארוחת בוקר
קונטיננטל

Continental
...kfast

ביצה
לחמניה
ריבה
קפה/תה

.../Tea

מנה ראשונה

...ies

חומוס
טחינה
טחינה בחצילים
סלט ירקות
סלט טורקי
סלט ווזי
סלט טונה
ביצה בעגבניות(שקשוקה)
חביתת פטריות
קורקבנים ברוטב
קציצות בשר

...with Eggplant
...ble Salad
...Salad
...Salad
...alad
...Tomatoe Sauce
...om Omelette
...with Gravy
...alls

כשר Kosher

Desserts   מנה אחרונה

Watermelon	_____	אבטיח
Melon	_____	מלון
Fruit Salad	_____	סלט פירות
Fruit Cocktail	_____	ליפתן
Cream Caramel	_____	קרם קרמל
Cream Bavaria	_____	קרם בוריה
Blintzes:		בלינצ׳ס:
Crepe Suzette	_____	חביתית "סוזט"
Crepe Normande	_____	חביתית "נורמנד"
Crepe Chocolate	_____	חביתית עם רוטב שוקולד
Choice of Cakes	_____	מבחר עוגות

Soups   מרקים

French-Style Onion Soup	_____	מרק בצל נוסח צרפת

Main Course   מנות עיקריות
Grilled (with Salads)   (עם תוספות)

Fillet Steak	_____	פילה
Steak (by weight)	_____	סטייק לפי משקל
Double-Beef Steak	_____	סטייק כפול
Veal Chops	_____	צלעות עגל
Lamb Chops	_____	צלעות כבש
Shashlik	_____	
Kabab	_____	
Liver	_____	
Chicken Liver	_____	כבד עוף
Mixed Grill	_____	מעורב
Schnitzel	_____	

Hot Drinks   משקאות חמים

Turkish Coffee	_____	קפה טורקי
Black Coffee	_____	קפה שחור
Coffee (Parave)	_____	קפה הפוך (פרווה)
Tea	_____	תה

תַּרְגִּילִים לַחֲזָרָה

A. Circle the word in the Hebrew sentence which means the same as the English word to the left.

lessons	0 אֲנִי כּוֹתֵב שִׁעוּרִים.
food	1 אִמָּא נוֹתֶנֶת אֹכֶל טוֹב לַיְלָדִים.
rain	2 גֶּשֶׁם יָרַד כָּל הַלַּיְלָה.
more	3 מָה עוֹד אַתָּה רוֹאֶה בַּחֶדֶר?
answers	4 הַתַּלְמִיד שׁוֹאֵל וְהַמּוֹרֶה עוֹנֶה.
understand	5 אֲנִי לֹא מֵבִין אֶת הַסִּפּוּר.
now	6 אֲנַחְנוּ כּוֹתְבִים בַּמַּחְבָּרוֹת עַכְשָׁו.
thought	7 הוּא חָשַׁב רֶגַע וְהָלַךְ הַבַּיְתָה.
must	8 בְּיִשְׂרָאֵל צְרִיכִים לְדַבֵּר עִבְרִית.
to be	9 אֲנִי לֹא רוֹצֶה לִהְיוֹת פֹּה.
with	10 גַּם אֲנִי הוֹלֵךְ עִם דְּבוֹרָה.

Coin struck during the Second Revolt against Rome, 132–135 C.E. The two sides read: Year four-and-a-half for the redemption of Zion.

B. Fill in the אֶת where necessary.

אֶת

0 הוּא שָׁמַע הַסִּפּוּר.

1 הֵם אָמְרוּ תְּפִלָּה.

2 אַבָּא נָתַן הַמַּתָּנָה לַיֶּלֶד.

3 מַדּוּעַ אַתָּה לֹא כּוֹתֵב הַשִּׁעוּר?

4 אֲנִי רוֹאֶה מַחְבֶּרֶת וְעִפָּרוֹן עַל הַשֻּׁלְחָן.

5 יַעֲקֹב אָהַב רָחֵל.

C. There are at least 20 words in this necklace. Can you find them? You may find several smaller words within a larger word. For example: In the word שְׁאֵלָה you have the words שָׁאַל אֶל אֵלֶה שְׁאֵלָה. *You may not skip letters to form words.* Try to find at least 15 words.

Start here

11 _____	_____ 6	_____ 1
12 _____	_____ 7	_____ 2
13 _____	_____ 8	_____ 3
14 _____	_____ 9	_____ 4
15 _____	_____ 10	_____ 5

D. Circle the verb that does not belong in each group, and be prepared
    to give your reason orally.

0   יוֹשֵׁב   אוֹמֵר   ⟨הָלַךְ⟩   כּוֹתֵב

Reason: The verb הָלַךְ is in the past tense;
all the other verbs are in the present tense.

1   חוֹשְׁבִים   עוֹמֵד   קוֹרְאִים   לוֹמְדִים
2   כּוֹעֶסֶת   אוֹכֵל   חוֹזֵר   שׁוֹמֵעַ
3   זוֹרְקוֹת   אוֹמְרוֹת   הוֹלְכִים   רוֹאוֹת
4   אָהַב   שָׂמְחוּ   יָשְׁבָה   רוֹצָה
5   צוֹעֶקֶת   פָּתַח   עוֹשֶׂה   יוֹדְעִים

E. Using the שֹׁרֶשׁ given, fill in the correct form of the verb. Remember
    to look for clue words to tell you whether the sentence is in the past
    or present tense.

0   הַיּוֹם אֲנִי לֹא   הלךV   *הוֹלֵךְ, הוֹלֶכֶת*   אֶל בֵּית-הַסֵּפֶר.

1   עַכְשָׁו אֲנַחְנוּ   למדV   _____ עִבְרִית.

2   הוּא הָלַךְ אֶל בֵּית-הַכְּנֶסֶת וְ שמעV   _____ אֶת הַחַזָּן.

3   אֶתְמוֹל הֵם   חזרV   _____ הַבַּיְתָה.

4   יַעֲקֹב לָקַח עֵט וְ כתבV   _____ .

5   הַמּוֹרֶה עוֹמֵד רֶגַע וְ חשבV   _____ .

6   הַיּוֹם הָאֵם   קנהV   _____ מַתָּנָה לַיַּלְדָּה.

7   עַכְשָׁו הַתַּלְמִידִים   ענהV   _____ עַל כָּל הַשְּׁאֵלוֹת.

8   מָה אַתָּה   רצהV   _____ ?

F. Rewrite each sentence, making the necessary verb changes to agree
    with the new subject.

0 הַתַּלְמִיד יוֹשֵׁב בְּשֶׁקֶט וְעוֹבֵד.

___הַתַּלְמִידִים יוֹשְׁבִים בְּשֶׁקֶט וְעוֹבְדִים.___

1 הַיֶּלֶד אוֹמֵר שָׁלוֹם-יַד הַבַּיִת וְזוֹעֵק.

הַיְלָדָה _____

2 שֹׁאֵנָה רוֹאֶה אֶת לֵאָה וְאוֹמֵר שָׁלוֹם.

דְּבוֹרָה _____

3 הַתַּלְמִידָה פָּתְחָה אֶת הַמַּחְבֶּרֶת.

הַתַּלְמִידוֹת _____

4 רְאוּבֵן לָקַח סִדּוּר וְהָלַךְ לְבֵית-הַכְּנֶסֶת.

רְאוּבֵן וְשִׁמְעוֹן _____

5 דָּוִד הַנֶּגֶב נוֹתֵן הַרְבֵּה כֶּסֶף לְיִשְׂרָאֵל.

הָאֲנָשִׁים _____

אִישׁ חָכָם

יְהוֹשֻׁעַ בֶּן חֲנַנְיָה הָיָה אִישׁ חָכָם, אֲבָל הוּא הָיָה
מְכֹעָר¹ מְאֹד. הַמֶּלֶךְ שֶׁל רוֹמָא² אָהַב לְדַבֵּר אֶל

¹ugly ²Rome

יְהוֹשֻׁעַ עַל¹ הַתּוֹרָה, כִּי יְהוֹשֻׁעַ הָיָה חָכָם מְאֹד.

¹about

פַּעַם אַחַת¹ פָּגַשׁ² יְהוֹשֻׁעַ אֶת בַּת־הַמֶּלֶךְ.

¹once ²met

אָמְרָה בַּת־הַמֶּלֶךְ אֶל יְהוֹשֻׁעַ: "הָאָב שֶׁלִּי אָמַר   5
שֶׁאַתָּה אִישׁ חָכָם מְאֹד. מַדּוּעַ שָׂם אֱלֹהִים לֵב¹

¹heart

חָכָם בְּגוּף¹ מְכֹעָר?"

¹body

עָנָה יְהוֹשֻׁעַ: "הַאִם יֵשׁ לַמֶּלֶךְ יַיִן?"
"כֵּן."

"אֵיפֹה הוּא שָׂם אֶת הַיַּיִן?"   10
"בְּכֵלִים¹ שֶׁל חֶרֶס²," עָנָה בַּת־הַמֶּלֶךְ.

¹utensils ²earthenware

צָחַק¹ יְהוֹשֻׁעַ: "כֵּלִים שֶׁל חֶרֶס הֵם טוֹבִים

¹laughed

לַאֲנָשִׁים עֲנִיִּים. הַמֶּלֶךְ צָרִיךְ לָשִׂים¹ אֶת הַיַּיִן

¹to put

בְּכֵלִים שֶׁל כֶּסֶף¹ אוֹ² זָהָב³."

¹silver ²or ³gold

הָלְכָה בַּת־הַמֶּלֶךְ וְשָׂמָה אֶת הַיַּיִן בְּכֵלִים שֶׁל   15
כֶּסֶף וּבְכֵלִים שֶׁל זָהָב.

פַּעַם אַחַת בָּאוּ אוֹרְחִים¹ אֶל הַמֶּלֶךְ. הַמֶּלֶךְ נָתַן

¹guests

לָהֶם יַיִן, וְהַיַּיִן הֶחְמִיץ¹.

¹soured

הַמֶּלֶךְ שָׁאַל: "מִי עָשָׂה זֹאת?"
הָאֲנָשִׁים אָמְרוּ: "בַּת־הַמֶּלֶךְ שָׂמָה אֶת הַיַּיִן   20
בְּכֵלִים שֶׁל זָהָב וְהַיַּיִן הֶחְמִיץ."
כָּעַס הַמֶּלֶךְ מְאֹד.

כַּאֲשֶׁר בַּת־הַמֶּלֶךְ רָאֲתָה¹ אֶת יְהוֹשֻׁעַ, הִיא

¹saw

אָמְרָה לוֹ: "מַדּוּעַ אָמַרְתָּ¹ לִי לָשִׂים אֶת הַיַּיִן

¹you said

בְּכֵלִים שֶׁל זָהָב? הַיַּיִן הֶחְמִיץ וְהַמֶּלֶךְ כָּעַס מְאֹד."   25
עָנָה יְהוֹשֻׁעַ: "אַתְּ שׁוֹאֶלֶת מַדּוּעַ שָׂם אֱלֹהִים
לֵב חָכָם בְּגוּף מְכֹעָר. עַכְשָׁו אַתְּ רוֹאָה שֶׁהַיַּיִן
נִשְׁמָר¹ בְּכֵלִים שֶׁל חֶרֶס, כֵּלִים פְּשׁוּטִים²,

¹is preserved ²plain

וְגַם הַחָכְמָה¹ נִשְׁמֶרֶת בְּגוּף מְכֹעָר."

¹wisdom

מִלּוֹן

about	עַל
once	פַּעַם אַחַת
he met	פָּגַשׁ – פגשׁ√
heart	לֵב
he laughed	צָחַק – צחק√
to put	לָשִׂים – שׂים√
silver, money	כֶּסֶף
or	אוֹ
gold	זָהָב

יין ומים

בעיר אחת מֵת ראש העיר. האנשים בעיר בָּחֲרוּ ראש עיר חדש.

בעיר הזאת היה המנהג הזה: כאשר בחרו ראש עיר חדש, כל אחד
נתן לו מתנה — כד מלֵא יין.
לפני הבית של ראש העיר עומדת חָבִית גדולה. בערב כל האנשים
באים אל הֶחָבִית ושָׂמִים את היין שלהם בֶּחָבִית.

5

האנשים בעיר היו עניים ולא אָהֲבוּ את המנהג. כל אחד חשב: אם
אני אֶתֵּן מים ולא יין, מי יֵדַע?
מי יֵדַע שֶׁיֵּשׁ בחבית של יין רק כד אחד של מים? אבל כל אחד
חשב שרק הוא עשה את הדבר הזה.

ראש העיר פתח את החבית ושתה. מה הוא ראה? החבית מְלֵאָה
מים!

10

ראש העיר היה איש חכם. הוא לא צעק והוא לא כעס.

בבוקר כל האנשים באו אל הבית של ראש העיר. הוא אמר: "תודה
על המתנה היפה — חבית מלאה יין. הכֹּל טוב ויפה. אבל יש איש
רע פֹּה. הוא לא נתן לי את היין. הוא שָׂם כד מים בחבית.
אני יודע מי הוא — אבל היום יש חג גדול בעיר. אני לא רוצה
לַעֲשׂוֹת דבר רע ביום שִׂמְחָה. עכשיו אני שָׂם שם חבית חדשה לפני
הבית שלי. אם האיש יָבוֹא בלילה וְיָשִׂים את היין בחבית, אני
אֶסְלַח לו."

15

כל האנשים שמעו. כל אחד חשב שֶׁרֹאש העיר דיבר רק אליו.

20

בלילה כל האנשים באו — אחד אחד — ושָׂמוּ יין בחבית. והחבית
הָיְתָה מלאה יין טוב.

יְחִידָה 6

שֶׁלִּי וְשֶׁלָּנוּ

שְׁנֵי חֲבֵרִים, מֹשֶׁה וְיַעֲקֹב, הוֹלְכִים יַחַד¹. הֵם חֲבֵרִים [¹together]

טוֹבִים. הֵם הוֹלְכִים בָּרֶגֶל¹ מִן² הַבַּיִת שֶׁלָּהֶם אֶל [¹on foot ²from]

הַדּוֹד¹ שֶׁל יַעֲקֹב לֶאֱכֹל² אֲרוּחַת צָהֳרַיִם³. [¹uncle ²to eat ³lunch]

פִּתְאֹם¹ רוֹאֶה יַעֲקֹב כֶּסֶף בָּרְחוֹב. הוּא לוֹקֵחַ [¹suddenly]

אֶת הַכֶּסֶף – עֲשָׂרָה דוֹלָרִים. יַעֲקֹב שָׂם מַהֵר¹ אֶת הַכֶּסֶף [¹quickly] 5

בַּכִּיס¹ שֶׁלּוֹ וְהוֹלֵךְ עִם מֹשֶׁה. [¹pocket]

הַחֲבֵרִים הוֹלְכִים וְיַעֲקֹב חוֹשֵׁב: יֵשׁ חֲנוּת עַל־יַד הַבַּיִת

שֶׁל הַדּוֹד שֶׁלִּי. מָה אֲנִי יָכוֹל¹ לִקְנוֹת בַּכֶּסֶף? בַּעֲשָׂרָה [¹able]

דוֹלָרִים אֲנִי יָכוֹל לִקְנוֹת הַרְבֵּה דְּבָרִים: אוּלַי כַּדּוּר¹ [¹ball]

חָדָשׁ, אוֹ סֵפֶר, אוֹ מְכוֹנִית¹ קְטַנָּה. [¹car] 10

הַחֲבֵרִים שְׂמֵחִים. מֹשֶׁה אוֹמֵר: "אֵיזֶה מַזָּל¹! אֲנַחְנוּ [¹what luck!]

יְכוֹלִים לִקְנוֹת הַרְבֵּה דְּבָרִים בַּכֶּסֶף שֶׁלָּנוּ."

"שֶׁלָּנוּ?" שׁוֹאֵל יַעֲקֹב. "שֶׁלָּנוּ? לֹא! הַכֶּסֶף שֶׁלִּי

וְלֹא שֶׁלְּךָ."

מֹשֶׁה לֹא עוֹנֶה. הַחֲבֵרִים הוֹלְכִים. פִּתְאֹם הֵם 15

שׁוֹמְעִים יַלְדָּה בּוֹכָה. "אֵיפֹה הַכֶּסֶף שֶׁלִּי? אֵיפֹה

עֲשֶׂרֶת הַדּוֹלָרִים שֶׁלִּי?"

מֹשֶׁה אוֹמֵר אֶל יַעֲקֹב: "אֲנִי חוֹשֵׁב שֶׁהַכֶּסֶף
שֶׁלְּךָ הוּא הַכֶּסֶף שֶׁלָּהּ."

יַעֲקֹב חוֹשֵׁב: כֵּן, הַכֶּסֶף שֶׁלִּי הוּא הַכֶּסֶף שֶׁלָּהּ. 20
יַעֲקֹב אוֹמֵר לַיַּלְדָּה: "הִנֵּה הַכֶּסֶף שֶׁלָּךְ."

מִלּוֹן

together	יַחַד
foot	רֶגֶל
on foot	בָּרֶגֶל
uncle	דּוֹד
aunt	דּוֹדָה
to eat	לֶאֱכֹל — אכל√
meal	אֲרוּחָה
noon	צָהֳרַיִם
lunch	אֲרוּחַת צָהֳרַיִם
suddenly	פִּתְאֹם
quickly	מַהֵר
I, you, he can, is able	יָכוֹל — יכל√
ball	כַּדּוּר
luck	מַזָּל
car	מְכוֹנִית

תַּרְגִּילִים

A. Correct each sentence by rewriting it to form a true statement about the story.

0 שְׁנֵי חֲבֵרִים הוֹלְכִים אֶל הַמּוֹרָה.

_שְׁנֵי חֲבֵרִים הוֹלְכִים אֶל הַדּוֹד._

1 יַעֲקֹב רוֹאֶה כֶּלֶב בָּרְחוֹב.

_____

2 מֹשֶׁה לוֹקֵחַ אֶת הַכֶּסֶף וְשָׂם אֶת הַכֶּסֶף בַּכִּיס.

_____

3 יֵשׁ בֵּית-סֵפֶר עַל-יַד הַבַּיִת שֶׁל הַדּוֹד.

_____

4 יַעֲקֹב רוֹצֶה לִקְנוֹת אֹכֶל בַּכֶּסֶף.

_____

5 יֶלֶד בּוֹכֶה וְאוֹמֵר: "אֵיפֹה הַכֶּסֶף שֶׁלִּי?"

_____

Seals were used to identify property. This one reads: Jehoahaz, son of the king. Late 7th century B.C.E.

B. Write the Hebrew phrase from the story which shows that:

0 They are walking on foot.

_____ .הֵם הוֹלְכִים בָּרֶגֶל

1 Suddenly Jacob sees the money in the street.

_____

2 Jacob puts the money in his pocket quickly.

_____

3 Jacob thinks, "What can I buy with the money?"

_____

4 Jacob thinks, "Yes, my money is her money."

_____

C. How many new vocabulary words and review words can you find?
Circle them, and list as many as you can in the spaces provided.
Write their English meaning alongside.

צ	ב	א	ן	מ	ה	פ	י	י	נ	ע
ה	ר	שׁ	ע	מ	ס	ת	ר	ח	ב	ו
ר	ג	ל	ו	כ	י	א	ד	ד	ע	נ
י	ל	י	ד	ו	י	מ	ה	שׁ	מ	ה
מ	א	ת	ו	נ	ק	ל	ל	ה	צ	שׁ
ל	ו	ק	ד	י	ה	ח	ו	ר	א	ל
ר	שׁ	א	כ	ת	ו	נ	ח	ת	פ	ק

_____	17	father	אָב	0
_____	18	_____		1
_____	19	_____		2
_____	20	_____		3
_____	21	_____		4
_____	22	_____		5
_____	23	_____		6
_____	24	_____		7
_____	25	_____		8
_____	26	_____		9
_____	27	_____		10
_____	28	_____		11
_____	29	_____		12
_____	30	_____		13
_____	31	_____		14
_____	32	_____		15
_____	33	_____		16

20–25 Good   26–30 Very good   30+Excellent

Possessive Preposition שֶׁל

Dan's book	הַסֵּפֶר שֶׁל דָּן

In English, when we want to say that something belongs to a noun, we use an apostrophe and "s".

Dan's book = the book belongs to Dan

the room's windows = the windows belong to (are part of)

the room.

the girl's cat = the cat belongs to the girl

In Hebrew, we use the preposition שֶׁל *of* to indicate **belonging or possession.**

The book belonging to Dan	הַסֵּפֶר שֶׁל דָּן
Dan's book	

Notice that the thing possessed has a הַ before it, to show that it is a *specific* object.

The preposition שֶׁל connects the thing possessed to its owner.

Rivka's book	הַסֵּפֶר שֶׁל רִבְקָה
the student's house	הַבַּיִת שֶׁל הַתַּלְמִיד
the teacher's room	הַחֶדֶר שֶׁל הַמּוֹרָה
Shoshana's books	הַסְּפָרִים שֶׁל שׁוֹשַׁנָּה
Uri's children	הַיְלָדִים שֶׁל אוּרִי

תַּרְגִּילִים

A. Write each phrase in English.

0 הַמַּחְבֶּרֶת שֶׁל יַעֲקֹב   _Jacob's notebook_

1 הַכַּדּוּר שֶׁל מִרְיָם   _____

2 הָרַב שֶׁל בֵּית-הַכְּנֶסֶת   _____

3 הַמּוֹרָה שֶׁל הָאֲנָשִׁים   _____

4 הַחֲדָרִים שֶׁל בֵּית-הַסֵּפֶר   _____

5 הָאֹכֶל שֶׁל אִמָּא   _____

B. Write each phrase in Hebrew.

0 David's car   הַמְכוֹנִית שֶׁל דָּוִד

1 the house's mezuzah _____

2 the father's money _____

3 the boy's class _____

4 Ruth's present _____

5 the men's clothing _____

C. Make up 10 possessives by choosing a noun from group א and having it belong to a noun from group ב.

ב		א
הַמֶּלֶךְ		הַדֶּלֶת
הָרַב		הַטַּלִּית
הַמִּשְׁפָּחָה	שֶׁל	הַקּוֹל
הָעִיר		הַתְּפִלָּה
הַחַזָּן		הָרְחוֹבוֹת
הַבַּיִת		הַבֵּן

0   הַטַּלִּית שֶׁל הָרַב

_____ 1

_____ 2

_____ 3

_____ 4

_____ 5

_____ 6

_____ 7

_____ 8

_____ 9

_____ 10

Possessive Pronouns

my dog	הַכֶּלֶב שֶׁלִי
his house	הַבַּיִת שֶׁלוֹ

In English, when we want to say that **something belongs to a pronoun** (which replaces a specific person, place, or thing), we use **possessive pronouns.**

my dog	*its* (the table's) legs
your house	*our* money
his friend	*your* family
her bicycle	*their* people

In Hebrew, we also use a possessive pronoun.
This pronoun consists of שֶׁל with a personal ending.

my	שֶׁלִי	שֶׁל + יִ□ =
his	שֶׁלוֹ	שֶׁל + וֹ =

Declension of Possessive Pronouns

Plural		Singular	
our, ours	שֶׁלָנוּ	my, mine	שֶׁלִי
your, yours (m.)	שֶׁלָכֶם	your, yours (m.)	שֶׁלְךָ
your, yours (f.)	שֶׁלָכֶן	your, yours (f.)	שֶׁלָךְ
their, theirs (m.)	שֶׁלָהֶם	his	שֶׁלוֹ
their, theirs (f.)	שֶׁלָהֶן	her, hers	שֶׁלָה

Plural		Singular	
our dog	הַכֶּלֶב שֶׁלָנוּ	my dog	הַכֶּלֶב שֶׁלִי
your (m.) dog	הַכֶּלֶב שֶׁלָכֶם	your (m.) dog	הַכֶּלֶב שֶׁלְךָ
your (f.) dog	הַכֶּלֶב שֶׁלָכֶן	your (f.) dog	הַכֶּלֶב שֶׁלָךְ
their (m.) dog	הַכֶּלֶב שֶׁלָהֶם	his dog	הַכֶּלֶב שֶׁלוֹ
their (f.) dog	הַכֶּלֶב שֶׁלָהֶן	her dog	הַכֶּלֶב שֶׁלָה

Remember:

1. **The possessive pronoun ...** שֶׁלְּךָ, שֶׁלִּי **always follows the noun.**

הַסֵּפֶר שֶׁלִּי

הַמּוֹרֶה שֶׁלָּהֶם

2. **The noun always takes the definite article** ה **with the possessive pronoun.**

הַכֶּלֶב שֶׁלִּי

הַכִּסֵּא שֶׁלּוֹ

3. שֶׁלּוֹ can mean *his* or *its* (masculine).

   שֶׁלָּה can mean *her* or *its* (feminine).

   When שֶׁלּוֹ or שֶׁלָּה refers to an object, not a person, we translate the word as *its* — not his or her.

the dog's legs	הָרַגְלַיִם שֶׁל הַכֶּלֶב
its legs	הָרַגְלַיִם שֶׁלּוֹ
the bed's legs	הָרַגְלַיִם שֶׁל הַמִּטָּה
its legs	הָרַגְלַיִם שֶׁלָּה

Woman's seal inscribed IZBL (Izebel), 9th — 8th century B.C.E.

תַּרְגִּילִים

A. Write the letters **p.p.** over each possessive pronoun.

   p·p
0 His coat is red.

1 My mother is a teacher.

2 I saw his sister yesterday.

3 We are going to her Bat-Mitzvah party.

4 Its doors were open.

5 Do you understand their complaints?

Seal of Shemaryau, 8th century B.C.E.

B. Circle the Hebrew word which means the same as the English to the left.

English	Hebrew
my	שֶׁלָּהֶם שֶׁלּוֹ (שֶׁלִּי) הֶחָבֵר 0
our	שֶׁלָּה שֶׁלִּי שֶׁלָּנוּ הַמֶּלֶךְ 1
her	שֶׁלָּהֶן שֶׁלָּה שֶׁלּוֹ הָאֹכֶל 2
your (m. pl.)	שֶׁלָּכֶן שֶׁלָּכֶם שֶׁלָּהֶן הָאֲנָשִׁים 3
their (m. pl.)	שֶׁלָּהֶם שֶׁלָּנוּ שֶׁלָּכֶם הַמְּכוֹנִית 4
his	שֶׁלְּךָ שֶׁלּוֹ שֶׁלָּה הַקּוֹל 5
your (f. pl.)	שֶׁלְּךָ שֶׁלָּהֶן שֶׁלָּכֶן הַכִּתָּה 6
your (m. s.)	שֶׁלְּךָ שֶׁלּוֹ שֶׁלְּךָ הַגִּיר 7
their (f. pl.)	שֶׁלָּהֶם שֶׁלָּכֶן שֶׁלָּהֶן הַמּוֹרָה 8
my	שֶׁלִּי שֶׁלָּה שֶׁלּוֹ הַלּוּחַ 9
your (f. s.)	שֶׁלָּךְ שֶׁלָּה שֶׁלְּךָ אִמָּא 10

C.   Write each phrase in English.

0   הַבַּיִת שֶׁלִי _my house_

1   הַכֶּלֶב שֶׁלוֹ _____

2   הָאָב שֶׁלָהֶם _____

3   הַמִּשְׁפָּחָה שֶׁלָנוּ _____

4   הָעִיר שֶׁלָךְ _____

5   הַכַּדוּר שֶׁלָה _____

6   הַכֶּסֶף שֶׁלָכֶם _____

7   הַמְּנוֹרָה שֶׁלָךְ _____

8   הָאֲרוּחָה שֶׁלִי _____

9   הַחֲבֵרִים שֶׁלָכֶן _____

10 הַחֶדֶר שֶׁלָהֶן _____

D.   Write the underlined word in the plural.

3   הַשְּׁאֵלָה שֶׁלָה _____   0   הַכֶּלֶב שֶׁלוֹ _שֶׁהֶם_ _____

4   הַכְּתוֹבֶת שֶׁלָךְ _____   1   הָאָב שֶׁלִי _____

5   הָעִיר שֶׁלוֹ _____   2   הַדוֹד שֶׁלָךְ _____

E.   Write in Hebrew.

0   My room is small. _____ הַחֶדֶר שֶׁלִּי קָטָן.

1   Our dog is sitting. _____

2   His father is angry. _____

3   Her pencil is on the table. _____

4   Your (m.s.) son is smart. _____

5   Your (f.s.) mother is pretty. _____

F.   Write the correct possessive pronoun of the *underlined noun*. (Do this
     exercise orally with your teacher, and then write the answers.)

0   הַאִם זֹאת הַמְּכוֹנִית שֶׁל שׁוֹשַׁנָּה? כֵּן, זֹאת הַמְּכוֹנִית ‎_____ שֶׁלָּהּ.

1   הַאִם זֶה הַדּוֹד שֶׁל יַעֲקֹב? כֵּן, זֶה הַדּוֹד ‎_____.

2   מִרְיָם, זֶה הַכַּדּוּר שֶׁלָּךְ? כֵּן, הַכַּדּוּר ‎_____.

3   אֵיפֹה הַסְּפָרִים שֶׁל חַנָּה וְלֵאָה? הַסְּפָרִים ‎_____ עַל הַשֻּׁלְחָן.

4   אֵיפֹה הַמַּחְבֶּרֶת שֶׁלִּי? דָּוִד, הַמַּחְבֶּרֶת ‎_____ (your) עַל הַכִּסֵּא.

5   יְלָדִים, אֵיפֹה הַמּוֹרָה שֶׁלָּכֶם? הַמּוֹרָה ‎_____ בַּכִּתָּה.

Verbs with ח or ע as the Third Root Letter: Present Tense

שׁוֹמֵעַ ← ◻◻◻וֹ◻
שׁוֹמַעַת ← ◻◻◻◻וֹ ת

When the third root letter of a verb is a ח or an ע, **the vowel pattern changes in the masculine singular and feminine singular** forms.

Third Root Letter ח or ע		Regular
לוֹקֵחַ	שׁוֹמֵעַ	סוֹגֵר
לוֹקַחַת	שׁוֹמַעַת	סוֹגֶרֶת
לוֹקְחִים	שׁוֹמְעִים	סוֹגְרִים
לוֹקְחוֹת	שׁוֹמְעוֹת	סוֹגְרוֹת

Here are some frequently used verbs which follow this rule.

hear	שׁוֹמֵעַ
know	יוֹדֵעַ
travel	נוֹסֵעַ
forgive	סוֹלֵחַ
take	לוֹקֵחַ
open	פּוֹתֵחַ
send	שׁוֹלֵחַ

Seal impression on jar handle: [belonging] to the king Hebron.

תַּרְגִּילִים

A. Rewrite each sentence, changing the verb to agree with the new subject.

0   דָּן נוֹסֵעַ לָעִיר.

רוּת נוֹסַעַת לָעִיר.

1   דָּוִד לוֹקֵחַ סֵפֶר.

שָׂרָה

2   אֲנִי פּוֹתֵחַ אֶת הַדֶּלֶת.

הֵם

3   הוּא נוֹסֵעַ לְיִשְׂרָאֵל.

הַיְלָדוֹת

4   יַעֲקֹב יוֹדֵעַ אֶת כָּל הַמִּלִּים.

שָׁרוֹנָה

5   אַתֶּן שׁוֹמְעוֹת לְקוֹל הַשּׁוֹפָר.

אַתָּה

6   הֵם שׁוֹלְחִים מַתָּנָה יָפָה לְדוֹדָה.

דָּן

B. Write the correct present tense form of the verb.

√עשה	אַתָּה
√לקח	הֵם
√שמע	אַתְּ
√נסע	מֹשֶׁה
√ידע	אַתֶּם
√סלח	הִיא
√שאל	הַיֶּלֶד
√ידע	הֵן
√אכל	הַיְלָדִים
√לקח	אַתֶּן
√גמר	הוּא

Copy the letters (without vowels) from the numbered spaces into the matching spaces below.

___ ___ ___ ___ ___   ___ ___   ___ ___ ___ ___
11 10 9   8   7   6   5   4   3   2   1

Write the secret mesage. _____

Translate it. _____

תַּרְגִּילִים לַחֲזָרָה

A. Circle the adjective that correctly completes the sentence.

0 הַיֶּלֶד טוֹב (הַטּוֹב) הַטּוֹבָה טוֹבִים שָׁתָה אֶת כָּל הֶחָלָב.

1 הוּא נָתַן אֶת הַמַּתָּנָה יָפָה יָפֶה הַיָּפֶה יָפִים לְאֵם שֶׁלּוֹ.

2 שָׂרָה אוֹכֶלֶת אֲרוּחוֹת קְטַנִים הַקְטַנּוֹת קְטַנָּה קְטַנּוֹת בַּבַּיִת.

3 רְחוֹב הַגָּדוֹל גְּדוֹלִים הַגְּדוֹלִים גָּדוֹל בְּלוֹס־אַנְגֶ׳לֶס הוּא הוֹלִיווּד.

4 הוּא שָׂם אֶת הַכַּדּוּר הַחֲדָשָׁה חֲדָשִׁים חָדָשׁ הֶחָדָשׁ בַּחֶדֶר שֶׁלּוֹ.

5 בְּיוֹם חַג אֲנַחְנוּ אוֹמְרִים:
"חַג שִׂמְחָה שָׂמֵחַ שָׂמֵחַ הַשָּׂמֵחַ שְׂמֵחִים".

Brown agate seal: [belonging] to
Gedalyahu son of Samakh.

B. Complete each sentence by adding an appropriate adjective.

0 יֶלֶד _קָטָן_ הוֹלֵךְ מַהֵר.

1 יֵשׁ עֵץ _____ בַּגַּן.

2 מְכוֹנִית _____ עוֹמֶדֶת בָּרְחוֹב.

3 כֶּלֶב _____ אוֹמֵר: "הַב, הַב." (bow, wow)

4 אִשָּׁה _____ עוֹמֶדֶת עַל־יַד חֲנוּת.

5 יְלָדִים _____ חוֹזְרִים הַבַּיְתָה.

C. Circle the interrogative (question word) which best completes each sentence.

0	(אֵיפֹה)	מִי	מָה	הַכֶּלֶב שֶׁלִי?
1	מִי	מַדּוּעַ	מָה	אַתָּה בּוֹכֶה?
2	מִי	מָה	אֵיפֹה	מְדַבֵּר בַּכִּתָּה?
3	מִי	מָה	אֵיפֹה	אַתְּ רוֹצָה לִקְנוֹת בַּחֲנוּת?
4	מַדּוּעַ	מָה	מִי	לָקַח אֶת הַמְּכוֹנִית הַקְּטַנָה שֶׁלִי?
5	אֵיפֹה	מָתַי	מִי	הַמַּתָּנָה שֶׁלְךָ?
6	מִי	מָה	מָתַי	אַתָּה הוֹלֵךְ לְבֵית הַכְּנֶסֶת?
7	מָה	הַאִם	מִי	אַתֶּם יְכוֹלִים לְדַבֵּר עִבְרִית?
8	מִי	מָה	אֵיפֹה	אַתְּ רוֹצָה לֶאֱכֹל אֲרוּחַת צָהֳרַיִם?

Bar Kochba letters, written on papyrus, dealing with economic and administrative matters.

מִכְתָּב¹

¹letter

אֲבִיגַיִל הַיְקָרָה¹!

¹dear

בְּמִשְׁפָּחָה שֶׁלִי חֲמִשָּׁה אֲנָשִׁים — אַבָּא, אִמָּא, אָח¹ גָּדוֹל,
אָחוֹת¹ קְטַנָּה וַאֲנִי.

¹brother

¹sister

כַּאֲשֶׁר אֲנִי רוֹצֶה לִרְאוֹת טֶלֶוִיזְיָה, הָאָח שֶׁלִי עִם
הַחֲבֵרִים שֶׁלוֹ אוֹמְרִים לִי: "לֵךְ¹ מִפֹּה! אַתָּה יֶלֶד קָטָן.
אֲנַחְנוּ לֹא רוֹצִים אוֹתְךָ¹."

¹go away!

¹you

5

כַּאֲשֶׁר אֲנִי הוֹלֵךְ לַחֶדֶר שֶׁלִי, הָאָחוֹת הַקְּטַנָּה בָּאָה
וְרוֹצָה לְשַׂחֵק¹. אִם אֲנִי לֹא מְשַׂחֵק², הִיא בּוֹכָה בְּקוֹל
גָּדוֹל וְאוֹמֶרֶת שֶׁאֲנִי יֶלֶד רַע.

¹to play ²play

אִמָּא צוֹעֶקֶת: "מָה אַתָּה עוֹשֶׂה לְרָחֵל? אַתָּה יֶלֶד
גָּדוֹל! וְהִיא רַק יַלְדָּה קְטַנָּה!" גַּם אֲנִי בּוֹכֶה.

10

אֲנִי חוֹשֵׁב שֶׁאֲנִי יֶלֶד טוֹב — אֲבָל כָּל אֶחָד תָּמִיד¹
צוֹעֵק עָלַי¹. אֲנִי לֹא יוֹדֵעַ מַה לַעֲשׂוֹת.
בְּבַקָּשָׁה, אֲבִיגַיִל, תִּכְתְּבִי לִי¹.

¹always

¹at me

¹write to me!

לְהִתְרָאוֹת,
מִיכָאֵל

Challenge: Pretend you are "Dear Abby". Write an answer to Michael
in Hebrew.

מִלּוֹן

letter	מִכְתָּב
brother	אָח
sister	אָחוֹת
go, go away!	לֵךְ — הלךְ√
to play (a game)	לְשַׂחֵק — שׂחק√
I, you, he play(s)	מְשַׂחֵק
always	תָּמִיד

שלי ושלנו

שני חברים, משה ויעקב, הולכים יחד. הם חברים טובים. הם
הולכים ברגל מן הבית שלהם אל הדוד של יעקב לאכול ארוחת
צָהֳרַיִם.

פתאום רואה יעקב כסף ברחוב. הוא לוקח את הכסף — עשרה
דולרים. יעקב שם מהר את הכסף בכיס שלו והולך עם משה.

5

החברים הולכים ויעקב חושב: יש חנות על-יד הבית של הדוד שלי.
מה אני יכול לקנות בכסף? בעשרה דולרים אני יכול לקנות הרבה
דברים: אולי כדור חדש, או ספר, או מכונית קטנה.

החברים שְׂמֵחִים. משה אומר: "איזה מזל! אנחנו יכולים לקנות
הרבה דברים בכסף שלנו."

10

"שלנו?" שואל יעקב. "שלנו? לא! הכסף שלי ולא שלך."
משה לא עונה. החברים הולכים. פתאום הם שומעים ילדה בוכה.
"איפה הכסף שלי? איפה עשֶׂרֶת הדולרים שלי?"
משה אומר אל יעקב: "אני חושב שהכסף שלך הוא הכסף
שלה."

15

יעקב חושב: כן, הכסף שלי הוא הכסף שלה.
יעקב אומר לילדה: "הנה הכסף שלך."

טֶלֶפוֹן מִבְּנִי

בְּנִי: הַלוֹ, סַבְתָּא¹. מְדַבֵּר בְּנִי.	¹grandma
סַבְתָּא: שָׁלוֹם, בְּנִי. מַה שְׁלוֹמְךָ?	
בְּנִי: טוֹב, סַבְתָּא, טוֹב, אֲבָל ...	
סַבְתָּא: אֲבָל מָה?	
בְּנִי: הֶחָתוּל¹ שֶׁלִי בָּרַח².	¹cat ²ran away
סַבְתָּא: אוֹי, זֶה לֹא טוֹב. מַדּוּעַ בָּרַח הֶחָתוּל?	
בְּנִי: הוּא בָּרַח. לֹא נָתְנוּ אֹכֶל לֶחָתוּל.	
סַבְתָּא: מָה? מַדּוּעַ לֹא נָתְנוּ אֹכֶל לֶחָתוּל?	
בְּנִי: אֲנִי לֹא הָיִיתִי¹ בַּבַּיִת, סַבְתָּא.	¹I was
סַבְתָּא: אַתָּה לֹא הָיִיתָ¹ בַּבַּיִת, בְּנִי? אֵיפֹה הָיִיתָ?	¹you were
בְּנִי: אֲנִי הָיִיתִי בְּבֵית־הַחוֹלִים¹.	¹hospital
סַבְתָּא: בֵּית־חוֹלִים! מַדּוּעַ הָיִיתָ בְּבֵית־הַחוֹלִים?	
בְּנִי: שָׁבַרְתִּי¹ אֶת הָרֶגֶל שֶׁלִי, סַבְתָּא.	¹I broke
סַבְתָּא: רַע מְאֹד! אֵיךְ¹ שָׁבַרְתָּ אֶת הָרֶגֶל?	¹how
בְּנִי: שָׁבַרְתִּי אֶת הָרֶגֶל כַּאֲשֶׁר קָפַצְתִּי¹ מִן הַחַלוֹן.	¹I jumped
סַבְתָּא: בְּנִי! מַדּוּעַ קָפַצְתָּ מִן הַחַלוֹן?	
בְּנִי: קָפַצְתִּי מִן הַחַלוֹן כִּי רָאִיתִי¹ אֵשׁ² בַּבַּיִת.	¹I saw ²fire
סַבְתָּא: אֵשׁ בַּבַּיִת! זֶה נוֹרָא¹! מַדּוּעַ הָיְתָה אֵשׁ בַּבַּיִת?	¹terrible
בְּנִי: הָיְתָה אֵשׁ כִּי נֵרוֹת הַשַׁבָּת נָפְלוּ¹.	¹fell
סַבְתָּא: אֵיךְ הֵם נָפְלוּ?	
בְּנִי: הַנֵרוֹת נָפְלוּ כַּאֲשֶׁר מְכַבֵּי־הָאֵשׁ¹ פָּתְחוּ אֶת הַדֶּלֶת.	¹firemen

	סַבְתָּא:	מְכַבֵּי־הָאֵשׁ! מַדּוּעַ?
¹to rescue	בְּנִי:	הֵם בָּאוּ לְהַצִּיל¹ אֶת אִמָּא.
	סַבְתָּא:	אִמָּא! אֵיפֹה אִמָּא?
¹roof	בְּנִי:	אִמָּא הָיְתָה עַל הַגַּג¹.
	סַבְתָּא:	מַדּוּעַ הָיְתָה אִמָּא עַל הַגַּג?
¹went up	בְּנִי:	אִמָּא עָלְתָה¹ עַל הַגַּג לְהַצִּיל אֶת הֶחָתוּל.
¹immediately	סַבְתָּא:	בְּנִי, בְּנִי, אֲנִי בָּאָה מִיָּד¹! אֲנִי בָּאָה מִיָּד!
¹true	בְּנִי:	לֹא, לֹא, סַבְתָּא, זֹאת לֹא אֱמֶת¹.
	סַבְתָּא:	מַה לֹּא אֱמֶת?
¹am telling	בְּנִי:	זֶה סִפּוּר. אֲנִי מְסַפֵּר¹ סִפּוּר. זֹאת לֹא אֱמֶת!
	סַבְתָּא:	אִמָּא לֹא עָלְתָה עַל הַגַּג?
	בְּנִי:	לֹא.
	סַבְתָּא:	לֹא בָּאוּ מְכַבֵּי־הָאֵשׁ?
	בְּנִי:	לֹא.
	סַבְתָּא:	לֹא הָיְתָה אֵשׁ בַּבַּיִת?
	בְּנִי:	לֹא.
	סַבְתָּא:	לֹא קָפַצְתָּ מִן הַחַלּוֹן וְשָׁבַרְתָּ אֶת הָרֶגֶל?
	בְּנִי:	לֹא.
	סַבְתָּא:	הֶחָתוּל לֹא בָּרַח?
	בְּנִי:	לֹא.
	סַבְתָּא:	אַתָּה יֶלֶד רַע, בְּנִי! מַדּוּעַ אַתָּה מְסַפֵּר סִפּוּרִים?
	בְּנִי:	סְלִיחָה, סַבְתָּא. סַבְתָּא ...
	סַבְתָּא:	נוּ?
	בְּנִי:	אַתְּ כּוֹעֶסֶת?
	סַבְתָּא:	לֹא, עַכְשָׁו אֲנִי לֹא כּוֹעֶסֶת.
	בְּנִי:	אַתְּ שְׂמֵחָה עַכְשָׁו?
	סַבְתָּא:	כֵּן, אֲנִי שְׂמֵחָה.
	בְּנִי:	אַתְּ בֶּאֱמֶת שְׂמֵחָה?
	סַבְתָּא:	כֵּן, אֲנִי בֶּאֱמֶת שְׂמֵחָה.
	בְּנִי:	סַבְתָּא, עַכְשָׁו אֲנִי מְסַפֵּר אֶת הָאֱמֶת.
¹happened		קָרָה¹ דָּבָר רַע.
	סַבְתָּא:	מַה קָרָה?
	בְּנִי:	רַע מְאֹד.
	סַבְתָּא:	מַה רַע מְאֹד?
¹mathematics	בְּנִי:	הַמּוֹרֶה נָתַן לִי ''F'' בְּמָתֶמָטִיקָה¹.

25

30

35

40

45

50

55

מִלּוֹן

grandmother	סַבְתָּא
cat	חָתוּל
I was	הָיִיתִי – היה√
you (m.) were	הָיִיתָ
I broke	שָׁבַרְתִּי – שבר√
how	אֵיךְ
I jumped	קָפַצְתִּי – קפץ√
I saw	רָאִיתִי – ראה√
fire (f.)	אֵשׁ
they fell	נָפְלוּ – נפל√
roof	גַּג
she went up	עָלְתָה – עלה√
immediately	מִיָּד
true, truth	אֱמֶת
really, truly	בֶּאֱמֶת
I, you, he tell(s)	מְסַפֵּר – ספר√
what happened?	מַה קָרָה

תַּרְגִּילִים

A. Circle the phrase that best completes the sentence according to the story.

0 בְּנִי מְדַבֵּר עִם

א. אִמָּא שֶׁלוֹ.

ב. הַמּוֹרֶה שֶׁלוֹ.

ג. (סַבְתָּא שֶׁלוֹ.)

ד. מְכַבֵּי־הָאֵשׁ.

1 הֶחָתוּל שֶׁל בְּנִי בָּרַח כִּי

א. לֹא הָיָה אֹכֶל.

ב. הָיְתָה אֵשׁ בַּבַּיִת.

ג. הוּא רָאָה כֶּלֶב.

ד. פָּתְחוּ אֶת הַחַלּוֹן.

4 מְכַבֵּי־הָאֵשׁ בָּאוּ אֶל הַבַּיִת

א. כִּי הָיְתָה אֵשׁ בַּבַּיִת.

ב. כִּי בְּנִי שָׁבַר אֶת הָרֶגֶל שֶׁלוֹ.

ג. לְהַצִּיל אֶת אִמָּא מִן הַגַּג.

ד. לְהַצִּיל אֶת הֶחָתוּל מִן הַגַּג.

2 בְּנִי הָלַךְ לְבֵית־הַחוֹלִים כִּי

א. הֶחָתוּל בָּרַח.

ב. הוּא שָׁבַר אֶת הָרֶגֶל.

ג. הוּא לֹא אָכַל.

ד. הָיְתָה אֵשׁ בַּבַּיִת.

5 סַבְתָּא כּוֹעֶסֶת כִּי בְּנִי

א. בָּרַח מִן הַבַּיִת.

ב. קָפַץ מִן הַחַלּוֹן.

ג. לֹא נָתַן אֹכֶל לֶחָתוּל.

ד. לֹא מְסַפֵּר אֶת הָאֱמֶת.

3 הַנֵּרוֹת נָפְלוּ כִּי

א. בְּנִי קָפַץ עַל הַשֻּׁלְחָן.

ב. הֶחָתוּל קָפַץ עַל הַנֵּרוֹת.

ג. אִמָּא לָקְחָה אֶת הֶחָתוּל.

ד. מְכַבֵּי־הָאֵשׁ פָּתְחוּ אֶת הַדֶּלֶת.

6 זֹאת הָאֱמֶת:

א. סַבְתָּא שָׁבְרָה אֶת הָרֶגֶל.

ב. בְּנִי לֹא יוֹדֵעַ מָתֶמָטִיקָה.

ג. אִמָּא הָיְתָה בְּבֵית־הַחוֹלִים.

ד. הֶחָתוּל אָכַל הַרְבֵּה.

B. Answer the following questions.

0 מִי מְדַבֵּר בַּטֶּלֶפוֹן? בְּנִי מְדַבֵּר בַּטֶּלֶפוֹן

1 מִי בָּרַח? בָּרַח.

2 מִי קָפַץ מִן הַחַלּוֹן? קָפַץ מִן הַחַלּוֹן.

3 מִי בָּאוּ אֶל הַבַּיִת? בָּאוּ אֶל הַבַּיִת.

4 מִי צָעֲקָה אֶל הָאֵשׁ? צָעֲקָה אֶל הָאֵשׁ.

5 מִי שׁוֹאֶצֶת סִפּוּר וְכוֹתֶבֶת? שׁוֹאֶצֶת סִפּוּר וְכוֹתֶבֶת.

C. Find and copy the sentence from the story which tells you:

0 בְּנִי מְדַבֵּר אֶל סַבְתָּא.

סַבְתָּא, מְדַבֵּר בְּנִי

1 מַדּוּעַ בְּנִי לֹא נָתַן אֹכֶל לֶחָתוּל שֶׁלּוֹ.

2 מֶה עָשָׂה בְּנִי כַּאֲשֶׁר רָאָה אֶת הָאֵשׁ.

3 מְכַבֵּי־הָאֵשׁ בָּאוּ אֶל הַבַּיִת בְּשַׁבָּת.

4 כָּל מַה שֶׁבְּנִי מְסַפֵּר לֹא הָיָה אֱמֶת.

5 בְּנִי לֹא יוֹדֵעַ הַרְבֵּה מָתֶמָטִיקָה.

Past Tense, עָבָר

אֲנַחְנוּ גָּמַרְנוּ   אֲנִי גָּמַרְתִּי
אַתֶּם גְּמַרְתֶּם   אַתָּה גָּמַרְתָּ
אַתֶּן גְּמַרְתֶּן   אַתְּ גָּמַרְתְּ
הֵם גָּמְרוּ   הוּא גָּמַר
הֵן גָּמְרוּ   הִיא גָּמְרָה

You already know that the **base form** of the verb (**third person masculine singular, הוּא**) consists of

a root	גמר√
a vowel pattern	◻ָ◻ַ◻
	הוּא גָּמַר

You also know that the **other third person verbs** are formed as follows:

גָּמְרָה   הִיא ◻ָ◻ְ◻ָה
גָּמְרוּ   הֵם, הֵן ◻ָ◻ְ◻וּ

The **first and second person verbs** are similarly formed by adding a suffix (ending) to the base form.

גָּמַרְתִּי   ◻ָ◻ַ◻ְתִּי   אֲנִי
גָּמַרְתָּ   ◻ָ◻ַ◻ְתָּ   אַתָּה
גָּמַרְתְּ   ◻ָ◻ַ◻ְתְּ   אַתְּ

גָּמַרְנוּ   ◻ָ◻ַ◻ְנוּ   אֲנַחְנוּ
גְּמַרְתֶּם   ◻ְ◻ַ◻ְתֶּם   אַתֶּם
גְּמַרְתֶּן   ◻ְ◻ַ◻ְתֶּן   אַתֶּן

Note:

1. The vowel pattern under the first two letters of the שֹׁרֶשׁ is
    retained throughout much of the past tense.

2. A suffix is attached to the end of each root, with the exception of
    הוּא.

3. In the second person plural, the vowel pattern changes slightly
    under the 1st root letter. We find a שְׁוָא ◻ instead of a קָמַץ ◻.

4. There is a strong resemblance between the verb suffix (ending)
    and the final sound of the first and second person pronouns.

אֲנַחְנוּ ◻◻◻נוּ   אֲנִי ◻◻◻תִּי

אַתֶּם ◻◻◻תֶּם   אַתָּה ◻◻◻תָּ

אַתֶּן ◻◻◻תֶּן   אַתְּ ◻◻◻תְּ

These clues will help you remember the past tense endings. **If you
remember the pronoun — it's easier to remember the appropriate
verb suffix.**

Pottery idols worshipped in Canaan.

תַּרְגִּילִים

A. Write the pronoun that goes with the verb.

0 _הוּא_ גָּמַר אֶת הַסִּפּוּר.

1 _____ נָתְנָה סֵפֶר לַיֶּלֶד.   6 _____ קָפְצוּ עַל הַגַּג.

2 _____ פָּתְחוּ אֶת הַדֶּלֶת.   7 _____ אָמַרְנוּ ״שָׁלוֹם״.

3 _____ אָכַלְתִּי אֹכֶל טוֹב.   8 _____ לָקַחְתָּ אֶת הַכֶּסֶף.

4 _____ יְשַׁבְתֶּם בַּחֶדֶר.   9 _____ נָפַלְתֶּן מִן הָעֵץ.

5 _____ לָמַדְתְּ עִבְרִית.   10 _____ הָלַךְ לְהַצִּיל אֶת הֶחָתוּל.

B. Fill in the verb form that agrees with the new subject in the second half of the sentence.

0 הִיא כָּתְבָה מִכְתָּב, וְהוּא _כָּתַב_ סֵפֶר.

1 הוּא יָשַׁב בַּחֶדֶר, וְהִיא _____ בַּבַּיִת.

2 סַבְתָּא פָּתְחָה אֶת הַדֶּלֶת, וְאַבָּא _____ אֶת הַחַלּוֹן.

3 אֲנַחְנוּ אָכַלְנוּ לֶחֶם, וְהֵם _____ בָּשָׂר.

4 הַיְלָדִים לָקְחוּ כֶּסֶף, וְהַיְלָדוֹת _____ אֹכֶל.

5 אַתֶּם נְפַלְתֶּם בָּרְחוֹב, וְאַתֶּן ＿＿＿＿＿＿＿＿ בַּבַּיִת.

6 אַתָּה גָּמַרְתָּ אֶת הָעֲבוֹדָה, וְאַתְּ ＿＿＿＿＿＿＿ אֶת הָאֲרוּחָה.

7 אַתֶּם סְגַרְתֶּם אֶת הַסֵּפֶר, וַאֲנַחְנוּ ＿＿＿＿＿＿ אֶת הַמַּחְבֶּרֶת.

8 אַתְּ לָמַדְתְּ אַנְגְּלִית, וַאֲנִי ＿＿＿＿＿＿＿＿ עִבְרִית.

9 הִיא שָׁבְרָה אֶת הַגֵּר, וְהוּא ＿＿＿＿＿＿＿ אֶת הַמְּנוֹרָה.

10 דָּוִד יָשַׁב עַל הַכִּסֵּא, וְאֶסְתֵּר ＿＿＿＿＿＿ עַל הַשֻּׁלְחָן.

C. Write each sentence in the past tense.

0 בְּנִי אוֹמֵר "שָׁלוֹם" לְאִמָּא. ＿＿＿＿＿ בְּנִי אָמַר "שָׁלוֹם" לְאִמָּא.

1 הַיְלָדִים גּוֹמְרִים אֲרוּחַת־צָהֳרַיִם. ＿＿＿＿＿＿＿

2 אַתֶּם שׁוֹבְרִים אֶת הַמַּתָּנָה. ＿＿＿＿＿＿＿＿

3 דָּנִי אוֹהֵב אֶת הֶחָתוּל. ＿＿＿＿＿＿＿

4 הָאֲנָשִׁים נוֹתְנִים כֶּסֶף. ＿＿＿＿＿＿＿

5 דִּינָה אוֹכֶלֶת מַהֵר. ＿＿＿＿＿＿＿

6 אֲנַחְנוּ שׁוֹמְעִים כֶּלֶב. ＿＿＿＿＿＿＿

7 אֲנִי יוֹשֵׁב בַּבַּיִת. ＿＿＿＿＿＿＿

8 מַדּוּעַ אַתָּה כּוֹעֵס ? ＿＿＿＿＿＿＿

D. Fill in the blank spaces on the verb chart.

נפל√	קפץ√	שבר√	גמר√	
			גָּמַרְתִּי	אֲנִי
			גָּמַרְתָּ	אַתָּה
			גָּמַרְתְּ	אַתְּ
			גָּמַר	הוּא
			גָּמְרָה	הִיא
			גָּמַרְנוּ	אֲנַחְנוּ
			גְּמַרְתֶּם	אַתֶּם
			גְּמַרְתֶּן	אַתֶּן
			גָּמְרוּ	הֵם—הֵן

E. Circle the verb that doesn't belong in each group of four. Be prepared to give your reason orally.

0 אוֹכֵל יוֹשֵׁב (לוֹמֶדֶת) כּוֹתֵב

Reason: All are *m.s.*, except לוֹמֶדֶת which is *f.s.*.

1 גוֹמְרִים לָמְדוּ לָקְחוּ פָּתְחוּ
2 נָתַן נָפַל גָּנַב עוֹמֵד
3 פָּתַחְנוּ נָתְנוּ כָּתַבְנוּ סָגַרְנוּ
4 לֶאֱכֹל לִרְאוֹת סוֹלְחוֹת לִקְנוֹת
5 שָׁמַע עוֹנֶה קוֹנֶה שׁוֹתֶה

F.   Write the correct past tense form of the שֹׁרֶשׁ.

0   הוּא סגרV ‏ סָגַר ‏ אֶת הַחַלוֹן.

1   סַבְתָּא אמרV ‏ _____ ‏ "כֵּן, אֲנִי שְׂמֵחָה."

2   הֶחָתוּל לֹא אמרV ‏ _____ ‏ דָּבָר.

3   הָאָחוֹת שֶׁלִּי פתחV ‏ _____ ‏ אֶת הַדֶּלֶת.

4   אַתָּה כתבV ‏ _____ ‏ סִפּוּר יָפֶה.

5   הַתַּלְמִידוֹת גמרV ‏ _____ ‏ אֶת הַסִּפּוּר.

6   אֲנַחְנוּ למדV ‏ _____ ‏ עִבְרִית בְּבֵית-הַסֵּפֶר.

7   בְּנִי וְאִמָּא הלךV ‏ _____ ‏ לִקְנוֹת כֶּלֶב.

8   הַאִם ירדV ‏ _____ ‏ מִן הַגַּג.

9   אֲנִי לָקַחְתִּי אֶת הַכַּדּוּר וְ קפץV ‏ _____ .

10   אַתֶּם לקחV ‏ _____ ‏ לֶחֶם וּגְבִינָה?

Jewelry from the period of the Patriarchs, second millennium B.C.E.

G. Read the passage. Then rewrite it, changing the subject to

1 אֲנִי

2 דִּינָה

3 הַיְלָדִים

דָּן יָשַׁב בַּבַּיִת וְאָכַל. הוּא לָקַח אֶת הַסְּפָרִים, פָּתַח אֶת הַדֶּלֶת, וְהָלַךְ
לְבֵית-הַסֵּפֶר. שָׁם לָמַד הִסְטוֹרְיָה וְאַנְגְּלִית. כַּאֲשֶׁר הָלַךְ הַבַּיְתָה, נָפַל וְשָׁבַר
אֶת הָרֶגֶל.

1 יָשַׁבְתִּי _____

_____

_____

2 דִּינָה יָשְׁבָה _____

_____

_____

3 הַיְלָדִים יָשְׁבוּ _____

_____

_____

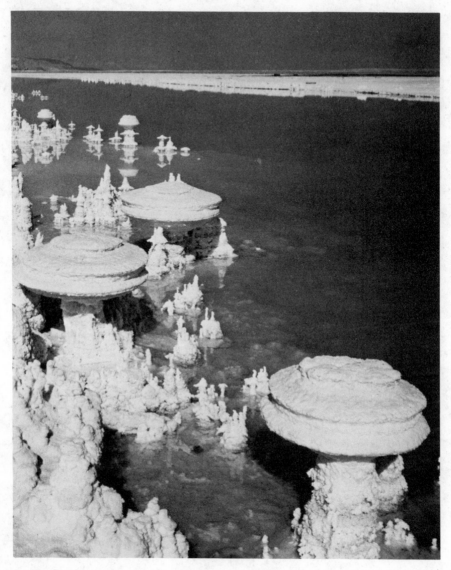

Salt formations in the Dead Sea, north of Sodom.

תַּרְגִּילִים לַחֲזָרָה

A. Find 5 verb sentences in the story and write them here. Underline the subject, and circle the verb.

הֶחָתוּל שֶׁלִּי (בָּרַח.)   0

_____   1

_____   2

_____   3

_____   4

_____   5

B. Find 5 noun sentences in the story and write them here. Underline the subject.

אֵיפֹה אַבָּא?   0

_____   1

_____   2

_____   3

_____   4

_____   5

C. Find 5 interrogative sentences in the story and write them here.
    Underline the question word.

_____ 0 מַה שׁוֹאֶלֶת?

_____ 1

_____ 2

_____ 3

_____ 4

_____ 5

D. Insert the form of שֶׁל which means the same as the English word to
    the left. If you are correct, each two lines will rhyme!

	0 רוּת שׁוֹאֶלֶת: "אֵיפֹה
his	הָיָה הֶחָתוּל שֶׁלּוֹ ?

	1 לָקַחְתָּ אֶת הַיַּיִן _____
your (m.s.)	וְאָמַרְתָּ בְּרָכָה.

	2 בַּמְּכוֹנִית הַחֲדָשָׁה _____
our	נָסַעְנוּ וְנָסַעְנוּ.

	3 תַּלְמִידָה מְשַׂחֶקֶת בַּכִּתָּה _____,
her	וּפִתְאֹם צוֹעֲקִים: "הַמּוֹרָה בָּאָה!"

	4 בַּמַּחְבֶּרֶת _____,
my	סִפּוּר יָפֶה כָּתַבְתִּי.

	5 אַתֶּם עוֹשִׂים אֶת הַשִּׁעוּרִים _____,
your (m.pl.)	כִּי כָּל הַיּוֹם יוֹרֵד גֶּשֶׁם.

E. Translate each English word into Hebrew in the spaces given. If you are correct you will be able to answer the question at the end of the exercise.

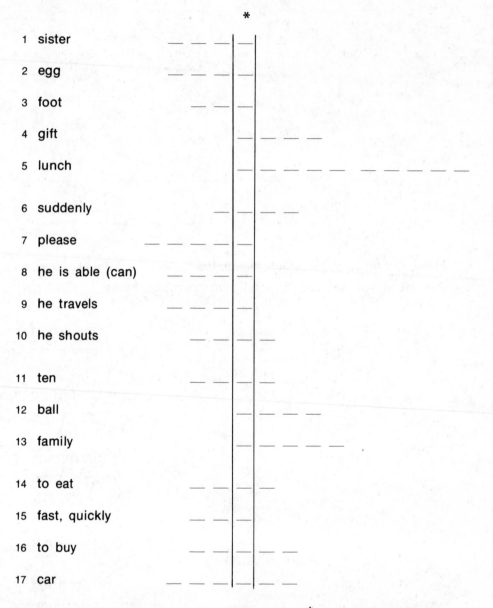

*

1 sister ___ ___ ___|___
2 egg ___ ___ ___|___
3 foot ___ ___ ___|___
4 gift ___|___ ___ ___
5 lunch ___|___ ___ ___ ___ ___ ___
6 suddenly ___ ___|___ ___
7 please ___ ___ ___ ___|
8 he is able (can) ___ ___ ___|___
9 he travels ___ ___ ___|___
10 he shouts ___ ___|___ ___
11 ten ___ ___|___ ___
12 ball ___|___ ___ ___
13 family ___|___ ___ ___ ___
14 to eat ___ ___|___ ___
15 fast, quickly ___ ___|___
16 to buy ___ ___|___| ___ ___
17 car ___ ___ ___|___|___ ___

What two important people are hidden in the * column? Write their names.

_____ 2 _____ 1

F. Choose one word from group א and a word or phrase from group ב
to form a correct Hebrew sentence.

ב		א
מְסַפֵּר סִפּוּר	חָתוּל	זֶה
פָּתְחוּ אֶת הַחַלּוֹן	צָרִיךְ לִלְמֹד	הוּא
לֹא אוֹכְלִים עַכְשָׁו	קָפְצָה מִן הַחַלּוֹן	סַבְתָּא
חוֹשֶׁבֶת עַל הַסִּפּוּר	הָיְתָה שְׂמֵחָה	אִמָּא וְאַבָּא
כּוֹעֵס	נָפַל	

0 _____ זֶה חָתוּל.

1 _____

2 _____

3 _____

4 _____

5 _____

6 _____

7 _____

8 _____

9 _____

10 _____

הַמִּשְׁפָּחָה

father	אַבָּא, אָב
mother	אִמָּא, אֵם
parents	הוֹרִים
son	בֵּן, בָּנִים
daughter	בַּת, בָּנוֹת
brother	אָח, אַחִים
sister	אָחוֹת, אֲחָיוֹת
grandfather	סַבָּא
grandmother	סַבְתָּא
uncle	דּוֹד, דּוֹדִים
aunt	דּוֹדָה, דּוֹדוֹת
cousin (m.)	בֶּן־דּוֹד, בְּנֵי־דּוֹד
cousin (f.)	בַּת־דּוֹד, בְּנוֹת־דּוֹד

טֶלֶפוֹן לִסְדוֹם

וַיִּגַּשׁ אַבְרָהָם וַיֹּאמַר: "הַאַף תִּסְפֶּה צַדִּיק
עִם רָשָׁע?
אוּלַי יֵשׁ חֲמִשִּׁים צַדִּיקִים בְּתוֹךְ הָעִיר.
וְלֹא תִשָּׂא לַמָּקוֹם לְמַעַן חֲמִשִּׁים הַצַּדִּיקִים?"

בְּרֵאשִׁית י"ח: כ"ג-כ"ד

And Abraham approached and said:
"Will You destroy the righteous along with the wicked?
Perhaps there are fifty righteous within the city.
Will You not forgive the place for the fifty righteous that are therein?"

(Genesis 18:23–24)

רִ רִ רִ רִ רִ .... (ring)

[1]information	אַבְרָהָם: הַלוֹ, מוֹדִיעִין[1]?
	מוֹדִיעִין: מוֹדִיעִין, שָׁלוֹם.
[1]number	אַבְרָהָם: אֲנִי רוֹצֶה אֶת מִסְפַּר[1] הַטֶּלֶפוֹן שֶׁל
[1]righteous	מִשְׁפַּחַת צַדִּיק[1] בָּעִיר סְדוֹם. 5
	מוֹדִיעִין: מַה שֵׁם הָעִיר?
	אַבְרָהָם: סְדוֹם. ס, ד, ו, ם.
	מוֹדִיעִין: וּמַה שֵׁם הַמִּשְׁפָּחָה?
	אַבְרָהָם: צַדִּיק. צ, ד, י, ק.
	מוֹדִיעִין: מִסְפַּר הַטֶּלֶפוֹן: אַרְבַּע – שֵׁשׁ – שָׁלֹשׁ – 10
[1]nine [2]eight	תֵּשַׁע[1] – שְׁמוֹנֶה[2] – חָמֵשׁ – שְׁתַּיִם.
	אַבְרָהָם: תּוֹדָה רַבָּה.

רִ רִ רִ רִ רִ ....

	גְּבֶרֶת: הַלוֹ.
	אַבְרָהָם: הַלוֹ, גְּבֶרֶת צַדִּיק? מְדַבֵּר אַבְרָהָם אָבִינוּ. 15
	גְּבֶרֶת: מִי?
	אַבְרָהָם: אַבְרָהָם, אַבְרָהָם אָבִינוּ. א, ב, ר, ה, ם.
	גְּבֶרֶת: מִי?

אַבְרָהָם: הַאִם זֹאת מִשְׁפַּחַת צַדִּיק? אַרְבַּע – שֵׁשׁ –
שָׁלֹשׁ – תֵּשַׁע – שְׁמֹנֶה – חָמֵשׁ – שְׁתַּיִם?

20

גְּבֶרֶת: לֹא, אֵין כָּאן[1] מִשְׁפַּחַת צַדִּיק. כָּאן גָּרָה
מִשְׁפַּחַת רָשָׁע[1].

[1] here
[1] wicked

אַבְרָהָם: סְלִיחָה, גְּבֶרֶת רָשָׁע. שָׁלוֹם.

ר ר ר ר ....

אַבְרָהָם: הַלוֹ, מוֹדִיעִין?

מוֹדִיעִין: מוֹדִיעִין, שָׁלוֹם. 25

אַבְרָהָם: בִּקַּשְׁתִּי[asked for] אֶת מִסְפַּר הַטֶּלֶפוֹן שֶׁל מִשְׁפַּחַת צַדִּיק בָּעִיר סְדוֹם, אֲבָל נָתְנוּ לִי מִסְפַּר הַטֶּלֶפוֹן שֶׁל מִשְׁפַּחַת רָשָׁע.

מוֹדִיעִין: רַק רֶגַע, אֲדוֹנִי[sir]. אֵין מִשְׁפַּחַת צַדִּיק בִּסְדוֹם. 30

אַבְרָהָם: אֵין? אֲפִילוּ[even] מִשְׁפָּחָה אַחַת? אֲנִי בָּטוּחַ[certain] שֶׁיֵּשׁ צַדִּיק אֶחָד בִּסְדוֹם.

מוֹדִיעִין: אֵין צַדִּיק בָּעִיר סְדוֹם, אֲדוֹנִי.

ר ר ר ר ....

קוֹל: שָׁלוֹם! 35

אַבְרָהָם: שָׁלוֹם, אֱלֹהִים. מְדַבֵּר אַבְרָהָם. אֵין צַדִּיק אֶחָד בְּכָל הָעִיר סְדוֹם. עֲשֵׂה[do!] מַה שֶׁאַתָּה רוֹצֶה!

מִלּוֹן

righteous	צַדִּיק
wicked	רָשָׁע
here	כָּאן
I asked for	בִּקַּשְׁתִּי — בקשׁ√
sir	אֲדוֹנִי
Ms., lady, Mrs.	גְּבֶרֶת
number	מִסְפָּר

טלפון מבני

בני:	הלו, סבתא. מדבר בני.
סבתא:	שלום, בני. מה שלומךְ?
בני:	טוב, סבתא, טוב, אבל...
סבתא:	אבל מה?
בני:	החתול שלי ברח.
סבתא:	אוי, זה לא טוב. מדוע ברח החתול?
בני:	הוא ברח. לא נתנו אוכל לחתול.
סבתא:	מה? מדוע לא נתנו אוכל לחתול?
בני:	אני לא הייתי בבית, סבתא.
סבתא:	אתה לא הייתָ בבית, בני? איפה היית?
בני:	אני הייתי בבית־החולים.
סבתא:	בית־חולים! מדוע היית בבית־החולים?
בני:	שברתי את הרגל שלי, סבתא.
סבתא:	רע מאוד! איך שברתָ את הרגל?
בני:	שברתי את הרגל כאשר קפצתי מן החלון.
סבתא:	בני! מדוע קפצתָ מן החלון?
בני:	קפצתי מן החלון כי ראיתי אֵש בבית.
סבתא:	אש בבית! זה נורא! מדוע הייתה אש בבית?
בני:	הייתה אש כי נרות השבת נפלו.
סבתא:	איך הם נפלו?
בני:	הנרות נפלו כאשר מְכַבֵּי־הָאֵש פתחו את הדלת.
סבתא:	מכבי־האש! מדוע?
בני:	הם באו להציל את אמא.
סבתא:	אמא! איפה אמא?
בני:	אמא הייתה על הגג.
סבתא:	מדוע הייתה אמא על הגג?
בני:	אמא עָלְתָה על הגג להציל את החתול.
סבתא:	בני, בני, אני באה מיָד! אני באה מיד!
בני:	לא, לא, סבתא. זאת לא אמת.
סבתא:	מה לא אמת?
בני:	זה סיפור. אני מספר סיפור. זאת לא אמת.
סבתא:	אמא לא עלתה על הגג?
בני:	לא.

(line numbers in margin: 5, 10, 15, 20, 25, 30)

סבתא: לא באו מכבי־האש?

בני: לא.   35

סבתא: לא הייתה אש בבית?

בני: לא.

סבתא: לא קפצתָ מן החלון ושברתָ את הרגל?

בני: לא.

סבתא: החתול לא ברח?   40

בני: לא.

סבתא: אתה ילד רע, בני! מדוע אתה מספר סיפורים?.

בני: סליחה, סבתא. סבתא ...

סבתא: נו?

בני: אַתְ כועסת?   45

סבתא: לא, עכשיו אני לא כועסת.

בני: את שמֵחה עכשיו?

סבתא: כן, אני שמחה.

בני: את באמת שמחה?

סבתא: כן, אני באמת שמחה.   50

בני: סבתא, עכשיו אני מספר את האמת. קרה דבר רע.

סבתא: מה קרה?

בני: רע מאוד.

סבתא: מה רע מאוד?

בני: המורה נתן לי "F" במָתמָטיקה.

יְחִידָה 8

שֶׁל מִי הַכֶּסֶף?

[1]once [2]sellers [3]sold	פַּעַם[1] הָיוּ שְׁנֵי מוֹכְרִים[2] בַּשׁוּק: שִׁמְעוֹן מָכַר[3]
[1]oil [2]neighbors	שֶׁמֶן[1] וּבִנְיָמִין מָכַר יַיִן. הֵם הָיוּ שְׁכֵנִים[2].
[1]wall [2]between	לֹא הָיָה קִיר[1] בֵּין[2] הַחֲנוּת שֶׁל שִׁמְעוֹן
	לַחֲנוּת שֶׁל בִּנְיָמִין.

[1]counting	5 פַּעַם אַחַת, מוֹכֵר אֶחָד רָאָה אֶת הַשָּׁכֵן שֶׁלּוֹ סוֹפֵר[1]
[1]coins	מַטְבְּעוֹת[1]. הוּא סָפַר וְסָפַר: שֵׁשׁ מֵאוֹת
[1]twenty [2]afterwards	וְעֶשְׂרִים[1] (620) מַטְבְּעוֹת שֶׁל כֶּסֶף. אַחַר־כָּךְ[2]
[1]sack [2]black	שָׂם אֶת הַמַּטְבְּעוֹת בְּשַׂק[1] שָׁחוֹר[2],
[1]closet	וְשָׂם אֶת הַשַּׂק בְּאָרוֹן[1].

[1]went out	10 בָּעֶרֶב יָצָא[1] בִּנְיָמִין מִן הַחֲנוּת שֶׁלּוֹ וְצָעַק בְּקוֹל:
[1]thieves [2]stole	"גַּנָּבִים[1]! גַּנָּבִים גָּנְבוּ[2] אֶת הַכֶּסֶף שֶׁלִּי!"
[1]police	בָּאוּ שׁוֹטְרִים[1] וְשָׁאֲלוּ: "אֵיפֹה הָיָה הַכֶּסֶף?"
	בִּנְיָמִין עָנָה: "בְּשַׂק שָׁחוֹר."
	שָׁאֲלוּ: "כַּמָּה כֶּסֶף הָיָה בַּשַּׂק?"
	15 בִּנְיָמִין עָנָה: "שֵׁשׁ מֵאוֹת וְעֶשְׂרִים מַטְבְּעוֹת."

[1]searched	הַשּׁוֹטְרִים חִפְּשׂוּ[1] בְּכָל הַשּׁוּק. בַּחֲנוּת שֶׁל שִׁמְעוֹן
[1]in it	מָצְאוּ שַׂק שָׁחוֹר וּבוֹ[1] שֵׁשׁ מֵאוֹת וְעֶשְׂרִים
	מַטְבְּעוֹת כֶּסֶף.

163

שִׁמְעוֹן אָמַר: "זֶה הַכֶּסֶף שֶׁלִּי! בִּנְיָמִין רוֹצֶה לִגְנֹב
אֶת הַכֶּסֶף שֶׁלִּי."

20

בִּנְיָמִין אָמַר: "הַכֶּסֶף שֶׁלִּי! שִׁמְעוֹן גָּנַב אֶת
הַכֶּסֶף שֶׁלִּי!"

שְׁנֵי הַמּוֹכְרִים בָּאוּ לִפְנֵי שׁוֹפֵט[1]. הַשּׁוֹפֵט שָׁמַע
אֶת הַסִּפּוּר.

25

הַשּׁוֹפֵט שָׁאַל אֶת שִׁמְעוֹן: "מָה אַתָּה מוֹכֵר?"
שִׁמְעוֹן עָנָה: "שֶׁמֶן."
הַשּׁוֹפֵט שָׁאַל אֶת בִּנְיָמִין: "מָה אַתָּה מוֹכֵר?"
בִּנְיָמִין עָנָה: "יַיִן."

[1]judge

¹to bring

הַשׁוֹפֵט אָמַר לְהָבִיא¹ מַיִם חַמִּים.

הוּא שָׂם אֶת הַמַּטְבְּעוֹת בַּמַּיִם. 30

אַחַר־כָּךְ אָמַר הַשׁוֹפֵט: "הַכֶּסֶף שֶׁל שִׁמְעוֹן."

הָאֲנָשִׁים שָׁאֲלוּ: אֵיךְ אַתָּה יוֹדֵעַ?"

*   *   *

אֵיךְ יָדַע הַשׁוֹפֵט כִּי הַכֶּסֶף שֶׁל שִׁמְעוֹן? הַאִם אַתָּה יוֹדֵעַ?

Turn to p. 167 for the solution.

מִלּוֹן

once	פַּעַם, פַּעַם אַחַת
he sold	מָכַר — מכר√
oil	שֶׁמֶן
wall	קִיר
between	בֵּין
twenty	עֶשְׂרִים
afterwards	אַחַר־כָּךְ
black	שָׁחוֹר
closet	אָרוֹן
he went out	יָצָא — יצא√
thief	גַּנָּב, גַּנָּבִים
they stole	גָּנְבוּ — גנב√
to bring	לְהָבִיא — בוא√
they found	מָצְאוּ — מצא√
judge	שׁוֹפֵט

תַּרְגִּילִים

A. Circle the phrase that best completes each sentence.

0 בַּשּׁוּק הָיוּ שְׁנֵי   ⒝ מוֹכְרִים.   א. מוֹרִים.   ג. אַחִים.

1 הַכֶּסֶף הָיָה
א. בְּשַׂק שָׁחוֹר בָּאָרוֹן שֶׁל שִׁמְעוֹן.
ב. בְּשַׂק שָׁחוֹר בָּאָרוֹן שֶׁל בִּנְיָמִין.
ג. בְּשַׂק שָׁחוֹר בָּאָרוֹן שֶׁל הַשּׁוֹפֵט.

2 בַּשַּׂק הָיוּ
א. שֵׁשׁ מֵאוֹת תִּשְׁעִים וּשְׁנַיִם מַטְבְּעוֹת.
ב. שֵׁשׁ מֵאוֹת וְעֶשְׂרִים מַטְבְּעוֹת.
ג. תְּשַׁע מֵאוֹת עֶשְׂרִים וְשִׁשָּׁה מַטְבְּעוֹת.

3 בִּנְיָמִין יָדַע שֶׁיֵּשׁ כֶּסֶף בַּחֲנוּת שֶׁל שִׁמְעוֹן כִּי
א. הוּא רָאָה אֶת שִׁמְעוֹן סוֹפֵר אֶת הַכֶּסֶף.
ב. שִׁמְעוֹן אָמַר: "יֵשׁ לִי הַרְבֵּה מַטְבְּעוֹת."
ג. הוּא לָקַח אֶת הַכֶּסֶף.

4 הַשּׁוֹפֵט שָׂם אֶת הַכֶּסֶף בְּמַיִם חַמִּים כִּי
א. טִפּוֹת יַיִן עוֹלוֹת בְּמַיִם חַמִּים.
ב. טִפּוֹת שֶׁמֶן עוֹלוֹת בְּמַיִם חַמִּים.
ג. כֶּסֶף עוֹלֶה בְּמַיִם חַמִּים.

5 הַשּׁוֹטְרִים מָצְאוּ אֶת הַכֶּסֶף בַּחֲנוּת שֶׁל שִׁמְעוֹן כִּי
א. הַגַּנָּב שָׂם אֶת הַכֶּסֶף שָׁם.
ב. בִּנְיָמִין שָׂם אֶת הַכֶּסֶף שָׁם.
ג. שִׁמְעוֹן שָׂם אֶת הַכֶּסֶף שָׁם.

6 הַשּׁוֹפֵט יָדַע שֶׁהַכֶּסֶף שֶׁל שִׁמְעוֹן כִּי
א. שִׁמְעוֹן מוֹכֵר יַיִן, וְתָמִיד יֵשׁ יַיִן עַל הַיָּדַיִם שֶׁלּוֹ.
ב. שִׁמְעוֹן הָיָה אִישׁ טוֹב וְחָכָם.
ג. שִׁמְעוֹן מוֹכֵר שֶׁמֶן, וְתָמִיד יֵשׁ שֶׁמֶן עַל הַיָּדַיִם שֶׁלּוֹ.

B. If the sentence agrees with the story, write נָכוֹן (correct). If it is incorrect, correct it.

0 בַּשׁוּק הָיוּ שְׁנֵי מוֹכְרִים. ___נָכוֹן___ _____

1 שִׁמְעוֹן מָכַר שֶׁמֶן וּבִנְיָמִין מָכַר יַיִן. _____

2 הָיָה קִיר בֵּין הַחֲנוּת שֶׁל שִׁמְעוֹן לַחֲנוּת שֶׁל בִּנְיָמִין. _____

3 שִׁמְעוֹן סָפַר אֶת הַמַּטְבְּעוֹת. _____

4 הַשּׁוֹטְרִים מָצְאוּ אֶת הַכֶּסֶף בַּחֲנוּת שֶׁל בִּנְיָמִין. _____

5 הַשּׁוֹפֵט רָאָה יַיִן בַּמַּיִם הַחַמִּים. _____

C. For each word in column א, find a word in column ב that means the opposite.

ב		א	
טוֹב	1	עָנָה	___
נָתַן	2	יָצָא	___
בָּא	3	הַרְבֵּה	___
סַבְתָּא	4	רַע	_1_
קַר	5	סַבָּא	___
שָׁאַל	6	לָקַח	___
קוֹנֶה	7	חַם	___
מְעַט	8	מוֹכֵר	___

_____

וְאַתָּ הַוֹרֵד מֵטַר (drops) אַל אֶרֶץ כְּאוֹם;"
הַמַּטְבֵּעַ אָמַר: "מַדּוּעַ הוֹרֵד אַתָּ הַמֵּטַר עַל הָאֶרֶץ אֲנִי אַ

Prepositions

A preposition introduces a phrase that modifies (describes) **a verb or a noun.**

Prepositional phrases that modify verbs are called **adverbial phrases.**

Ruth went **to the city.**   רוּת הָלְכָה אֶל הָעִיר.

She studied **with her friends.**   הִיא לָמְדָה עִם הַחֲבֵרִים שֶׁלָּה.

Dan came **from the house.**   דָּן בָּא מִן הַבַּיִת.

Prepositional phrases that modify nouns are called **adjectival phrases.**

The boy **from the kibbutz** wrote a story.

הַיֶּלֶד מִן הַקִּבּוּץ כָּתַב סִפּוּר.

The door **of the house** was large.

הַדֶּלֶת שֶׁל הַבַּיִת הָיְתָה גְּדוֹלָה.

Here are some frequently used prepositions.

to	אֶל
from	מִן
on, about	עַל
with	עִם
next to	עַל-יַד
under	תַּחַת
between	בֵּין
before	לִפְנֵי
after	אַחֲרֵי
of	שֶׁל

תַּרְגִּילִים

A. Underline the prepositional phrase in each sentence. Circle the preposition.

0 רוּת הָלְכָה אֶל הָעֵץ.

1 בִּנְיָמִין יָצָא מִן הַחֲנוּת שֶׁלּוֹ.

2 שְׁנֵי אֲנָשִׁים בָּאוּ לִפְנֵי שׁוֹפֵט.

3 הַכֶּסֶף הָיָה בְּשַׂק עַל הָאָרוֹן.

4 לִפְנֵי הַרְבֵּה שָׁנִים, הָיוּ שְׁנֵי מוֹכְרִים.

5 הָיָה קִיר בֵּין הַחֲנוּת שֶׁל שִׁמְעוֹן לַחֲנוּת שֶׁל בִּנְיָמִין.

6 הֵם מָצְאוּ שַׂק תַּחַת הַכִּסֵּא.

7 בִּנְיָמִין מָצָא כֶּסֶף עַל-יַד הַבַּיִת.

8 הַשּׁוֹפֵט רָאָה שֶׁמֶן לִפְנֵי הַחֲנוּת.

B. Circle the preposition that completes the sentence correctly. Write it in the blank.

0 הַתַּלְמִידִים בָּאוּ _____ בֵּית-הַסֵּפֶר.   אֶל   עַל

1 הַאִם אַתֶּן קְרָאתֶן סִפּוּר _____ חוֹנִי ?   מִן   עַל

2 שִׁמְעוֹן שָׂם אֶת הַמַּתָּנָה _____ הָאָרוֹן.   אֶל   עַל

3 הַמּוֹרָה עוֹמֶדֶת _____ הַלּוּחַ.   עַל-יַד   בֵּין

4 הַשּׁוֹטְרִים מָצְאוּ אֶת הַגַּנָּב _____ הַשֻּׁלְחָן.   מִן   תַּחַת

5 הוּא הָלַךְ _____ סַבְתָּא לִקְנוֹת גְּלִידָה.   עַל   עִם

C. Select one of the following prepositions to complete each sentence.

אֶל / עַל / מִן / עַל־יַד / לִפְנֵי / אַחֲרֵי / בֵּין / תַּחַת / עִם

between   0 אֵין קִיר __בֵּין__ הַחֲנֻוִּיּוֹת.

with   1 הַיַּלְדָּה מְשַׂחֶקֶת _____ הַכֶּלֶב שֶׁלָּהּ.

from/to   2 חַיִּים יָצָא _____ הַבַּיִת וְהָלַךְ _____ בֵּית־הַסֵּפֶר.

under   3 רִבְקָה שָׂמָה מִכְתָּב _____ הַדֶּלֶת שֶׁל הֶחָבֵר.

after   4 _____ אֲרוּחַת־צָהֳרַיִם, אֲנִי מְשַׂחֵק עִם הַחֲבֵרִים.

about   5 הָאָב מְסַפֵּר _____ הַמִּשְׁפָּחָה שֶׁלּוֹ.

between   6 לֹא תָּמִיד יֵשׁ אַהֲבָה (love) _____ חֲבֵרִים.

on   7 סִפּוּר קָטָן: הַיֶּלֶד יָשַׁב _____ הָאָרוֹן.

from / next to   הַיֶּלֶד קָפַץ _____ הָאָרוֹן וְיוֹשֵׁב _____ הָאָרוֹן.

D. Add a prepositional phrase to complete the sentence.

0 דָּוִד הוֹלֵךְ __אֶל בֵּית־הַסֵּפֶר__ _____

1 הַדּוֹד וְהַדּוֹדָה יָצְאוּ _____

2 דְּבוֹרָה לוֹקַחַת כֶּסֶף _____

3 שָׁמַעְתִּי סִפּוּר _____

4 יוֹם אֶחָד שִׁמְעוֹן הָיָה _____

5 הַיְלָדִים עוֹמְדִים _____

Particle Prepositions ב כ ל מ

in a book	בְּסֵפֶר	in on at by with	ב
like a friend	כְּחָבֵר	as like	כ
to Tel Aviv	לְתֵל אָבִיב	to	ל
from Tel Aviv	מִתֵּל אָבִיב	from	מ

In English, all prepositions are whole words. In Hebrew, many prepositions are whole words, but four important prepositions are **particles** (partial words) that are **attached to another word.** They are ב כ ל מ.

The **particle** ב usually stands for:

1. Prepositions that **refer to a certain time or place**

in a book	בְּסֵפֶר
at six	בְּשֵׁש
at school	בְּבֵית סֵפֶר
on Sunday	בְּיוֹם רִאשׁוֹן

2. Prepositions **with** or **by** (meaning **by means of**)

He ate **with** a fork.	הוּא אָכַל בְּמַזְלֵג.
He wrote **with** a pencil.	הוּא כָּתַב בְּעִפָּרוֹן.
They traveled **by** car.	הֵם נָסְעוּ בִּמְכוֹנִית

The **particle** כ is the equivalent of the word כְּמוֹ, **like, as.**

בִּנְיָמִין אָכַל כְּסוּס. Benjamin ate **like** a horse.
שׁוֹשַׁנָה יָפָה כְּאֶסְתֵּר הַמַּלְכָּה. Shoshana is as pretty **as** Queen Esther.

The **particle** ל is the equivalent of the word אֶל, **to.**

אֲנַחְנוּ הוֹלְכִים לְבֵית-הַסֵּפֶר. We are going **to** school.

The **particle** מ is the contraction of the word מִן, **from.**

הֵם בָּאוּ מִתֵּל אָבִיב. They came **from** Tel Aviv.

תַּרְגִּילִים

A. Write the English meaning of the underlined prepositional phrases.

0 יָרוֹן יוֹשֵׁב בְּחֶדֶר קָטָן. _in a small room_

1 הֵם שָׂמוּ אֶת הַכֶּסֶף בְּשַׂק גָּדוֹל.

2 שָׂרָה כּוֹתֶבֶת בְּעִפָּרוֹן שָׁחוֹר.

3 הוּא עָשִׁיר כְּמֶלֶךְ.

4 הַתַּלְמִידִים בְּבֵית-הַסֵּפֶר שֶׁלָּנוּ לֹא לוֹמְדִים בְּשַׁבָּת.

5 הַיֶּלֶד הַזֶּה חוֹשֵׁב כְּאִישׁ חָכָם.

‎6 אֲנִי אוֹהֵב לִרְאוֹת סִפּוּר טוֹב
בַּטֶּלֶוִיזְיָה.

_____

‎7 אֲנִי נוֹסַעַת לְבֵית-הַסֵּפֶר

_____

בְּאוֹפַנַּיִם (bicycle),

_____

אֲבָל הֵם נוֹסְעִים בִּמְכוֹנִית.

_____

‎8 מַדּוּעַ יוֹסֵף לֹא מְדַבֵּר בְּקוֹל שָׁקֵט?

_____

‎9 הָאֲנָשִׁים נָתְנוּ מַתָּנָה לְרֹאשׁ הָעִיר.

_____

‎10 חוֹנִי אָמַר: "אֲנִי לֹא הוֹלֵךְ מִפֹּה."

B. Complete each sentence by writing the particle preposition
ב כ ל מ that means the same as the English preposition.

in   הוּא יוֹשֵׁב ___בְּ חֶדֶר גָּדוֹל. 0

in   הֵן כּוֹתְבוֹת ___ מַחְבָּרוֹת. 1

with   הֵם כּוֹתְבִים עַל הַלּוּחַ ___ גִּיר. 2

on   אֲנַחְנוּ הוֹלְכִים לְבֵית-הַכְּנֶסֶת ___ שַׁבָּת. 3

like   הָאִישׁ אוֹהֵב אֶת הַכֶּלֶב ___ בֵּן. 4

from   הַחַזָּן שׁוֹתֶה אֶת הַיַּיִן הַקַּר ___ כּוֹס. 5

as   שְׁלֹמֹה בּוֹכֶה ___ יֶלֶד קָטָן. 6

from/to   נָסַעְנוּ ___ בּוֹסְטוֹן ___ לוֹס-אַנְגֵ׳לֶס. 7

at   הַמִּשְׁפָּחָה קָמָה ___ שֶׁבַע בַּבֹּקֶר. 8

to   אָמַרְתִּי לַיְלָה טוֹב ___ אַבָּא וְאִמָּא. 9

in   הֵם גָּרִים ___ תֵּל-אָבִיב. 10

Ivory decoration from King Ahab's
palace in Samaria, 9th century
B.C.E. King Solomon's palace
probably had similar decorations
(1 Kings 10:18).

C. Underline the prepositional phrase in each sentence. Circle the particle preposition ב, כ, ל, מ.

0 הוּא שָׂם אֶת הַכֶּסֶף בַּשַׂק.

1 הָיוּ שְׁנֵי שְׁכֵנִים בַּשׁוּק.

2 הֵם הֵבִיאוּ מַיִם חַמִּים לַשׁוֹפֵט.

3 הָאֵם הָלְכָה לַחֲנוּת לִקְנוֹת עוּגָה.

4 הַכֶּסֶף הָיָה בְּשַׂק שָׁחוֹר.

5 בִּנְיָמִין יָצָא מִבֵּית-הַסֵּפֶר.

6 מִיכָאֵל לֹא הָיָה חָכָם כְּשׁוֹפֵט.

7 הַמּוֹכֵר לוֹקֵחַ כֶּסֶף מִדְּבוֹרָה.

8 הַשּׁוֹטְרִים הָלְכוּ מִמָּקוֹם לְמָקוֹם.

Particle Prepositions ב כ ל with the Definite Article ה

בְּ + הַ

כְּ + הַ

לְ + הַ

When the particle prepositions ב, כ, ל precede a definite noun, the ה of the noun is dropped, and the preposition takes its vowel.

I sit **in a** room.	אֲנִי יוֹשֵׁב בְּחֶדֶר.
I sit **in the** room.	אֲנִי יוֹשֵׁב בַּחֶדֶר.

You are as wise **as a** judge.	אַתָּה חָכָם כְּשׁוֹפֵט.
You are as wise **as the** old judge.	אַתָּה חָכָם כַּשׁוֹפֵט הַזָּקֵן.

I am going **to a** room.	אֲנִי הוֹלֵךְ לְחֶדֶר.
I am going **to the** room.	אֲנִי הוֹלֵךְ לַחֶדֶר.

Before a proper noun (a noun naming a person or a place), **the definite article ַה is omitted,** since all proper nouns are considered definite. In Hebrew, *we cannot say* הַתֵּל אָבִיב or הַמֹשֶׁה.

When **a particle preposition** is used **before a proper noun**, it **never has a** *patah* ☐ **under it.**

I am going **to the** room.	אֲנִי הוֹלֵךְ לַחֶדֶר.

but

I am going **to** Tel Aviv.	אֲנִי נוֹסֵעַ לְתֵל אָבִיב.
He sings **like** David.	הוּא שָׁר כְּדָוִד.

Remember: The noun that is possessed is always definite.

הַמִשְׁפָּחָה שֶׁלוֹ

הַדוֹד שֶׁל מֹשֶׁה

A particle preposition used **before a noun that is possessed always has a** *patah* ☐ **under it.**

He went **to his family.**	הוּא הָלַךְ לַמִשְׁפָּחָה שֶׁלוֹ.
I am as big **as Moshe's uncle.**	אֲנִי גָדוֹל כַּדוֹד שֶׁל מֹשֶׁה.

Horned altar from Megiddo; similar to the incense altar in the Temple (Ex. 30:1–2).

תַּרְגִּילִים

A. Circle the English words that mean the same as the underlined Hebrew words.

in a car	(in the car)	0 הוּא יוֹשֵׁב בַּמְּכוֹנִית.
to the teacher	to a teacher	1 מִרְיָם הָלְכָה לַמּוֹרָה.
like a wise man	like the wise man	2 יוֹסִי חוֹשֵׁב כְּחָכָם.
in the kibbutz	in a kibbutz	3 הוּא גָּר בְּקִבּוּץ.
in a notebook	in the notebook	4 מֹשֶׁה כָּתַב בְּמַחְבֶּרֶת.
like the fish	like a fish	5 אַתָּה שׂוֹחֶה כְּדָג.
like the son	like a son	6 מְנַחֵם הָיָה לְאַבְרָהָם כְּבֵן.
in a sukkah	in the sukkah	7 בְּחַג הַסֻּכּוֹת, הַמִּשְׁפָּחָה אוֹכֶלֶת בַּסֻּכָּה.
to a new class	to the new class	8 הַמּוֹרֶה שָׁלַח אֶת דָּנִי לְכִתָּה חֲדָשָׁה.
in a room	in the room	9 הַיֶּלֶד רָאָה הַרְבֵּה סְפָרִים בַּחֶדֶר.
to the poor person	to a poor person	10 הוּא נָתַן עֲשָׂרָה דוֹלָר לֶעָנִי.

B. Circle the correct preposition.

0 הוּא נָסַע ל (ל) מִשְׁפָּחָה שֶׁלּוֹ.

1 אֲנִי כָּתַבְתִּי ב ב עִפָּרוֹן הַגָּדוֹל.

2 אֲנַחְנוּ גָּרִים ב ב יִשְׂרָאֵל.

3 יְלָדִים, הַאִם נְסַעְתֶּם ל ב בֵּית-הַסֵּפֶר?

4 הוּא חָכָם כְּ ל מוֹרֶה.

5 שָׂרָה מָכְרָה סֵפֶר כְּ ל דִינָה.

6 חַנָּה אָמְרָה שָׁלוֹם ל ב דּוֹדָה שֶׁלָּה.

7 שְׁלֹמֹה עוֹנֶה כְּ ב אִישׁ חָכָם.

8 הֵן אוֹכְלוֹת ב ב חֶדֶר קָטָן.

9 דָּנִי, הַאִם שָׁלַחְתָּ ל לְ חֲבֵרִים שֶׁלְּךָ מִכְתָּב?

10 שׁוֹשַׁנָּה הָיְתָה כְּ ל יוֹסֵף כָּאן.

C. Write the form of one of the particle prepositions ל ,כ ,ב that corresponds to the underlined English words on the left.

I live in a city.

0 אֲנִי גָר בְּעִיר.

The boy is sitting in a room.

1 הַיֶּלֶד יוֹשֵׁב ____ חֶדֶר.

The boy is sitting in the house.

2 הַיֶּלֶד יוֹשֵׁב ____ בַּיִת.

Joseph went to the supermarket.

3 יוֹסֵף הָלַךְ ____ סוּפֶּרְמַרְקֶט.

They went to a synagogue on Yom Kippur.

4 הֵם הָלְכוּ ____ בֵּית־כְּנֶסֶת בְּיוֹם כִּפּוּר.

Yaron is as smart as the teacher.

5 יָרוֹן חָכָם ____ מוֹרֶה.

He wrote a nice story on the test.

6 הוּא כָּתַב סִפּוּר יָפֶה ____ בְּחִינָה.

Miriam writes with a pencil.

7 מִרְיָם כּוֹתֶבֶת ____ עִפָּרוֹן.

She went to Shoshana's house.

8 הִיא הָלְכָה ____ בַּיִת שֶׁל שׁוֹשַׁנָּה.

She is as pretty as her grandmother.

9 הִיא יָפָה ____ סַבְתָּא שֶׁלָּהּ.

My books are in the black bag.

10 הַסְּפָרִים שֶׁלִּי ____ שַׂק הַשָּׁחוֹר.

תַּרְגִּילִים לַחֲזָרָה

A. Complete the Hebrew sentence to match the English translation.

This is the girl's sister.

0 זֹאת הָאָחוֹת שֶׁל הַיַּלְדָּה.

This is Deborah's dog.

1 זֶה הַכֶּלֶב ____.

2 דָן לָקַח אֶת הַכֶּסֶף _____ _____ •
Dan took David's money.

3 הַשַּׂק _____ _____ _____ מָלֵא אֹכֶל.
The woman's bag is full of food.

4 הָעֲבוֹדָה _____ _____ טוֹבָה מְאֹד.
The student's work is very good.

5 אֲנִי מֵבִין אֶת הַשְּׁאֵלָה _____ _____ •
I understand the teacher's question.

B.   Write the correct verb form in the present tense.

0 דָן ידע√ _____ יוֹדֵעַ _____ עִבְרִית.

1 דִינָה לקח√ _____ לֶחֶם וְאוֹכֶלֶת.

2 הָאָב, הָאֵם, וְהַיְלָדִים נסע√ _____ לְאֶרֶץ יִשְׂרָאֵל.

3 הָאָח עָשָׂה דָּבָר רַע, אֲבָל הָאָחוֹת סלח√ _____ לוֹ.

4 גֶּשֶׁם יוֹרֵד וְדָוִד לֹא פתח√ _____ אֶת הַחַלּוֹן.

5 כָּל הַלַּיְלָה אֲנַחְנוּ שמע√ _____ אֶת הַקוֹל שֶׁל הַכֶּלֶב.

6 הַמוֹרֶה שֶׁלִי כּוֹעֵס, אֲבָל הוּא גַּם סלח√ _____ •

7 מַדוּעַ אַתְּ פתח√ _____ אֶת הַדֶּלֶת?

8 הֵם לֹא ידע√ _____ מַה לַעֲשׂוֹת.

C. Write the Hebrew word that means the same as English word on the left.

his

0 זֶה הַכֶּלֶב _____ ‏ ‏his.

my

1 בִּנְיָמִין אָמַר: "לֹא, זֶה הַכֶּסֶף _____ !"

their (m.)

2 הַיְלָדִים _____ אוֹכְלִים כָּל הַיּוֹם.

your (m.pl.)

3 הָעִיר _____ יָפָה מְאֹד.

his

4 אוּרִי לֹא יוֹדֵעַ אֶת הַשִּׁעוּר _____ .

her

5 הַמּוֹרָה לֹא מָצְאָה אֶת הַגִּיר _____ .

your (m.s.)

6 מִי לָקַח אֶת הַדְּבָרִים _____ ?

your (f.s.)

7 אֲנַחְנוּ שָׂמִים אֶת הַסְּפָרִים _____ בָּאָרוֹן.

our

8 הַמּוֹרָה שׁוֹמַעַת אֶת הַשְּׁאֵלָה _____ .

their (f.)

9 הַיְלָדוֹת אוֹהֲבוֹת אֶת הַכֶּלֶב _____ .

your (f.pl.)

10 אֵיפֹה הַכֶּלֶב הַשָּׁחוֹר _____ ?

D. In the following story, each verb is represented only by a שֹׁרֶשׁ. Fill in each blank with the correct form of the past tense verb.

גִּילָה וְיָרוֹן אָהֲבוּ אֶת הַכֶּלֶב שֶׁלָּהֶם, "רָפִי". יוֹם אֶחָד,

גִּילָה √אמר _____ אָמְרָה לְיָרוֹן: "אֵיפֹה רָפִי?

אֲנִי הלך√ _____ אֶל הַבַּיִת שֶׁלוֹ וְרָפִי לֹא הָיָה בַּבַּיִת."

גַּם יָרוֹן לֹא ידע√ _____ אֵיפֹה רָפִי.

הוּא אמר√ _____ לְגִילָה: "אַתְּ שאל√ _____ אֶת

אַבָּא אֵיפֹה רָפִי?"

אמר√ _____ גִּילָה: "כֵּן, אֲנִי שאל√ _____ אֶת אַבָּא,

וְהוּא לֹא ידע√ _____."

אמר√ _____ יָרוֹן: "אַתְּ שאל√ _____ אֶת אִמָּא

אֵיפֹה רָפִי?"

אמר√ _____ גִּילָה: "כֵּן, שאל√ _____ גַּם אֶת אִמָּא,

וְגַם אִמָּא לֹא ידע√ _____.

הַיְלָדִים פתח√ _____ אֶת הַדֶּלֶת. גִּילָה שמע√ _____

קוֹל. הִיא אמר√ _____ : "אַתָּה שמע√ _____ קוֹל?"

"כֵּן," אמר√ _____ יָרוֹן: "אֲנִי שמע√ _____ קוֹל שֶׁל

כֶּלֶב!"

הַיְלָדִים קרא√ _____ : "רָפִי! רָפִי! אֵיפֹה אַתָּה? אֲנַחְנוּ

שמע√ _____ כֶּלֶב."

פִּתְאֹם הַיְלָדִים מצא√ _____ אֶת הַכֶּלֶב בָּרְחוֹב. גִּילָה וְיָרוֹן

לקח√ _____ אֶת הַכֶּלֶב ו הלך√ _____ הַבַּיְתָה.

E. Change all the verbs from the present tense to the past tense. Don't forget that the verb form must agree with the subject.

0 הַיֶּלֶד כּוֹתֵב בַּסֵּפֶר.　　כָּתַב

1 שָׂרָה אוֹכֶלֶת אֲרוּחַת־צָהֳרַיִם.　　_____

2 הַיְלָדוֹת יוֹשְׁבוֹת וְאוֹכְלוֹת עוּגוֹת.　　_____ _____

3 אֲנַחְנוּ יוֹרְדִים מִירוּשָׁלַיִם לְתֵל אָבִיב.　　_____

4 אַתֶּם פּוֹגְשִׁים חֲבֵרִים בַּחֲנוּת.　　_____

5 אֲנִי נוֹסַעַת הַבַּיְתָה בִּמְכוֹנִית גְּדוֹלָה.　　_____

6 דָּוִד לוֹקֵחַ אֶת הַמַּתָּנָה וְאוֹמֵר תּוֹדָה.　　_____ _____

7 רָחֵל חוֹזֶרֶת הַבַּיְתָה כִּי יוֹרֵד גֶּשֶׁם.　　_____ _____

8 אַתֶּן הוֹלְכוֹת לִקְנוֹת חַלּוֹת וּבָשָׂר?　　_____

9 אַתְּ זוֹרֶקֶת אֶת הַכַּדּוּר אֶל דָּנִי.　　_____

10 מַדּוּעַ אַתָּה צוֹעֵק?　　_____

אֲנִי צוֹעֵק כִּי אֲנִי כּוֹעֵס.　　_____ _____

Bronze *prutah* struck by the Hasmoneans. Inscription: Yehohanan the High Priest and *haver* of the Jews.

מִשְׁפַּט¹ שְׁלֹמֹה

¹judgment

שְׁתֵּי נָשִׁים¹ בָּאוּ אֶל הַמֶּלֶךְ שְׁלֹמֹה.

¹women

אִשָּׁה אַחַת אָמְרָה לַמֶּלֶךְ:
"הַמֶּלֶךְ שְׁלֹמֹה – אֲנִי וְהָאִשָּׁה הַזֹּאת יוֹשְׁבוֹת
בְּבַיִת אֶחָד.

5
יוֹם אֶחָד אֲנִי יָלַדְתִּי¹ בֵּן, וּבְיוֹם אַחֵר²

¹gave birth ²another

גַּם הָאִשָּׁה הַזֹּאת יָלְדָה בֵּן. רַק אֲנַחְנוּ יוֹשְׁבוֹת
בַּבַּיִת, וְאֵין אִישׁ אַחֵר בַּבַּיִת. לַיְלָה אֶחָד מֵת הַבֵּן
שֶׁל הָאִשָּׁה הַזֹּאת. הִיא קָמָה וְלָקְחָה אֶת הַבֵּן
הַמֵּת שֶׁלָּהּ וְשָׂמָה אוֹתוֹ¹ בְּמִטָּה² שֶׁלִּי.

¹him ²bed

10
מִן הַמִּטָּה שֶׁלִּי הִיא לָקְחָה אֶת הַבֵּן הַחַי¹ שֶׁלִּי. בַּבֹּקֶר אֲנִי

¹living

רוֹאָה שֶׁהַיֶּלֶד בַּמִּטָּה שֶׁלִּי מֵת. אֲנִי מַבִּיטָה¹ עַל הַיֶּלֶד

¹look

וְחוֹשֶׁבֶת: אֲנִי לֹא יָלַדְתִּי אֶת הַיֶּלֶד הַזֶּה. זֶה לֹא
הַבֵּן שֶׁלִּי! וְהָאִשָּׁה הַזֹּאת אוֹמֶרֶת לִי: לֹא, הַבֵּן
שֶׁלִּי הַחַי, וְהַבֵּן שֶׁלָּךְ הַמֵּת. וַאֲנִי אוֹמֶרֶת לָאִשָּׁה:
15
לֹא, הַבֵּן שֶׁלָּךְ הַמֵּת, וְהַבֵּן שֶׁלִּי הַחַי!"

הַמֶּלֶךְ שְׁלֹמֹה אָמַר: "אִשָּׁה אַחַת אוֹמֶרֶת: הַבֵּן שֶׁלִּי
הַחַי וְהַבֵּן שֶׁלָּךְ הַמֵּת. וְהָאִשָּׁה הַשְּׁנִיָּה¹ אוֹמֶרֶת:

¹second

הַבֵּן שֶׁלָּךְ הַמֵּת וְהַבֵּן שֶׁלִּי הַחַי."

חָשַׁב הַמֶּלֶךְ וְאָמַר: "תְּנוּ לִי חֶרֶב¹!" נָתְנוּ לַמֶּלֶךְ חֶרֶב,

¹sword

20
וְהַמֶּלֶךְ אָמַר לָעֲבָדִים¹: "גִּזְרוּ² אֶת הַיֶּלֶד הַחַי לִשְׁנַיִם.

¹servants ²cut

תְּנוּ חֲצִי¹ הַיֶּלֶד לְאִשָּׁה אַחַת, וַחֲצִי הַיֶּלֶד לָאִשָּׁה הַשְּׁנִיָּה."

¹half

אָמְרָה הָאֵם שֶׁל הַיֶּלֶד הַחַי לַמֶּלֶךְ: "אֲדוֹנִי הַמֶּלֶךְ, אַל¹

¹do not

תִּגְזֹר אֶת הַיֶּלֶד! תֵּן אֶת הַיֶּלֶד לָאִשָּׁה הַזֹּאת."

וְהָאִשָּׁה הַשְּׁנִיָּה אָמְרָה לַמֶּלֶךְ: "גַּם לִי, וְגַם לָךְ
25
לֹא יִהְיֶה¹ יֶלֶד. גִּזְרוּ!"

¹will not have

וְהַמֶּלֶךְ אָמַר: "אַל תִּגְזְרוּ אֶת הַיֶּלֶד! תְּנוּ אֶת
הַיֶּלֶד הַחַי לָאִשָּׁה הָרִאשׁוֹנָה. הִיא הָאֵם שֶׁלּוֹ."

מִלּוֹן

judgment, trial	מִשְׁפָּט
women	אִשָּׁה, נָשִׁים
another	אַחֵר
him	אוֹתוֹ
bed	מִטָּה
I, you, she look(s) at	מַבִּיטָה – נבט√
second (f.)	שְׁנִיָּה
first (f.)	רִאשׁוֹנָה
servants, slaves	עֶבֶד, עֲבָדִים
half	חֲצִי

Depiction of the menorah used in the Temple, found on the wall of a private dwelling in Jerusalem, dated to the last years of the Second Temple.

של מי הכסף?

לפני הרבה שנים, היו שני מוכרים בשוק. שמעון מכר שמן ובנימין
מכר יין. הם היו שכנים. לא היה קיר בין החנות של שמעון לחנות
של בנימין.

פעם אחת, מוכר אחד ראה את השכן שלו סופר מטבעות. הוא
5 ספר וספר: שש מאות ועשרים (620) מטבעות של כסף. אחר כך
שם את המטבעות בשק שחור, ושם את השק בארון.

בערב יצא בנימין מן החנות שלו וצעק בקול: "גנבים! גנבים גנבו
את הכסף שלי!"

באו שוטרים ושאלו: "איפה היה כסף?"
10 בנימין ענה: "בשק שחור."
שאלו: "כמה כסף היה בשק?"
בנימין ענה: "שש מאות ועשרים מטבעות."

השוטרים חיפשו בכל השוק. בחנות של שמעון מצאו שק שחור
ובו שש מאות ועשרים מטבעות כסף.
15 שמעון אמר: "זה הכסף שלי! בנימין רוצה לגנוב את הכסף שלי."
בנימין אמר: "הכסף שלי! שמעון גנב את הכסף שלי!"

שני המוכרים באו לפני שופט. השופט שמע את הסיפור.
השופט שאל את שמעון: "מה אתה מוכר?"
שמעון ענה: "שמן."

20 השופט שאל את בנימין: "מה אתה מוכר?"
בנימין ענה: "יין."

השופט אמר להביא מים חמים. הוא שם את המטבעות במים.
אחר־כך אמר השופט: "הכסף של שמעון."
האנשים שאלו: איך אתה יודע?"
25 השופט ענה: "שמעון מוכר שמן. תמיד יש שמן על הידיים שלו.
אני רואה הרבה טיפות של שמן במים!"

Camels continue to be used as "ships of the desert" by the Bedouin in the Negev.

יְחִידָה 9

אֵיךְ לְחַלֵק¹ אֶת הַגְּמַלִּים²

¹ to divide ² camels

רַבִּי אַבְרָהָם אִבְּן־עֶזְרָא חַי לִפְנֵי הַרְבֵּה שָׁנִים¹.
הָיָה גָּדוֹל בַּתּוֹרָה, וְגַם יָדַע מָתֶמָטִיקָה.

¹ years

פַּעַם אַחַת, רַבִּי אַבְרָהָם הָלַךְ בַּדֶּרֶךְ¹. הוּא
רָכַב¹ עַל גָּמָל וְרָאָה שְׁלֹשָׁה אֲנָשִׁים עוֹמְדִים
עִם הַרְבֵּה גְּמַלִּים. הָאֲנָשִׁים צָעֲקוּ בְּכַעַס¹.

¹ on the road
¹ rode
¹ angrily

5

שָׁאַל רַבִּי אַבְרָהָם: "מַה זֶה? מַדּוּעַ אַתֶּם צוֹעֲקִים?"
עָנָה אִישׁ אֶחָד: "אֲנַחְנוּ שְׁלֹשָׁה אַחִים, רְאוּבֵן, שִׁמְעוֹן
וְלֵוִי. יֵשׁ לַמִּשְׁפָּחָה שֶׁלָּנוּ שִׁבְעָה־עָשָׂר¹ גְּמַלִּים.
אַבָּא שֶׁלָּנוּ מֵת, וְהוּא נָתַן גְּמַלִּים לְכָל בֵּן.
אַבָּא נָתַן לִרְאוּבֵן חֲצִי מֵהַגְּמַלִּים, כִּי הוּא הַבֵּן הָרִאשׁוֹן¹.
אַבָּא נָתַן לְשִׁמְעוֹן שְׁלִישׁ¹, כִּי הוּא הַבֵּן הַשֵּׁנִי.
וְאַבָּא נָתַן לְלֵוִי תְּשִׁיעִית¹, כִּי הוּא הַבֵּן הַקָּטָן.
אֲבָל אֲנַחְנוּ לֹא יוֹדְעִים אֵיךְ לְחַלֵק שִׁבְעָה־עָשָׂר גְּמַלִּים."

¹ seventeen
¹ first
¹ one-third
¹ one-ninth

10

רַבִּי אַבְרָהָם אָמַר: "אַתֶּם רוֹאִים — יֵשׁ לִי גָּמָל אֶחָד.
אֲנִי נוֹתֵן לָכֶם אֶת הַגָּמָל שֶׁלִּי. עַכְשָׁו יֵשׁ לָכֶם
שְׁמוֹנָה־עָשָׂר¹ גְּמַלִּים.
רְאוּבֵן לוֹקֵחַ חֲצִי, וְיֵשׁ לוֹ תִּשְׁעָה גְּמַלִּים.
שִׁמְעוֹן לוֹקֵחַ שְׁלִישׁ, וְיֵשׁ לוֹ שִׁשָׁה גְּמַלִּים.
לֵוִי לוֹקֵחַ תְּשִׁיעִית, וְיֵשׁ לוֹ שְׁנֵי גְּמַלִּים."

¹ eighteen

15

187

20 הָאֲנָשִׁים שָׂמְחוּ. עַכְשָׁו יָדְעוּ אֵיךְ לְחַלֵּק אֶת הַגְּמַלִּים
שֶׁלָּהֶם. כַּאֲשֶׁר גָּמְרוּ, רָאוּ שֶׁגָּמָל אֶחָד נִשְׁאַר[1].
שָׁאֲלוּ: "שֶׁל מִי הַגָּמָל הַזֶּה?"
אָמַר רַבִּי אַבְרָהָם: "זֶה הַגָּמָל שֶׁלִּי!"
לָקַח אֶת הַגָּמָל וְהָלַךְ בְּשִׂמְחָה.

[1] remained

מִלּוֹן

camel	גָּמָל, גְּמַלִּים
year	שָׁנָה, שָׁנִים
road, way (f.)	דֶּרֶךְ
on the way	בַּדֶּרֶךְ
he rode	רָכַב — רכב√
angrily	בְּכַעַס
happily	בְּשִׂמְחָה
first (m.)	רִאשׁוֹן
one-third	שְׁלִישׁ
one-ninth	תְּשִׁיעִית
seventeen (m.)	שִׁבְעָה־עָשָׂר
eighteen (m.)	שְׁמוֹנָה־עָשָׂר

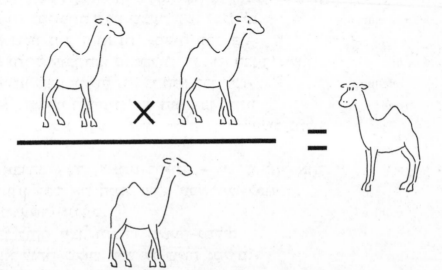

תַּרְגִּילִים

A. Circle the phrase that best completes the sentence according to the story.

0 רַבִּי אַבְרָהָם
אֵ הוֹלֵךְ בַּדֶּרֶךְ.
ב. יוֹשֵׁב בַּבַּיִת.
ג. עוֹמֵד עַל הַגָּמָל.

2 בַּדֶּרֶךְ רַבִּי אַבְרָהָם רוֹאֶה
א. שְׁלֹשָׁה אֲנָשִׁים רוֹכְבִים עַל גָּמָל.
ב. הַרְבֵּה גְּמַלִּים הוֹלְכִים.
ג. אֲנָשִׁים צוֹעֲקִים בְּכַעַס.

1 רַבִּי אַבְרָהָם אִבְּן־עֶזְרָא הָיָה
א. מוֹרֶה לְמָתֶמָטִיקָה.
ב. גָּדוֹל בַּתּוֹרָה.
ג. הָאָב שֶׁל הַבָּנִים.

3 הָאֲנָשִׁים לֹא יוֹדְעִים
א. אֵיךְ לְחַלֵּק אֶת הַגְּמַלִּים.
ב. כַּמָּה גְּמַלִּים יֵשׁ לַמִּשְׁפָּחָה.
ג. אֵיךְ לִלְמֹד תּוֹרָה.

4 הָאָב נָתַן לַבֵּן הַקָּטָן
א. חֲצִי הַגְּמַלִּים.
ב. שְׁלִישׁ שֶׁל הַגְּמַלִּים.
ג. תְּשִׁיעִית שֶׁל הַגְּמַלִּים.

5 רַבִּי אַבְרָהָם נוֹתֵן לָאֲנָשִׁים אֶת הַגָּמָל שֶׁלּוֹ, כִּי
א. הוּא חָכָם בְּמָתֶמָטִיקָה.
ב. הָאֲנָשִׁים אָמְרוּ: "תֵּן לָנוּ אֶת הַגָּמָל שֶׁלְּךָ."
ג. הוּא לֹא רוֹצֶה אֶת הַגָּמָל שֶׁלּוֹ.

6 שְׁלִישׁ שֶׁל שְׁמוֹנָה־עָשָׂר גְּמַלִּים הוּא
א. תִּשְׁעָה גְּמַלִּים.
ב. שִׁשָּׁה גְּמַלִּים.
ג. שְׁלֹשָׁה גְּמַלִּים.

7 כַּאֲשֶׁר הֵם גּוֹמְרִים לְחַלֵּק אֶת הַגְּמַלִּים
א. יֵשׁ לְלֵוִי שִׁבְעָה־עָשָׂר גְּמַלִּים.
ב. יֵשׁ לִרְאוּבֵן גָּמָל אֶחָד.
ג. יֵשׁ לְשִׁמְעוֹן שִׁשָּׁה גְּמַלִּים.

B. Answer each question with a complete sentence.

0 מָתַי חַי רַבִּי אַבְרָהָם אִבְּן־עֶזְרָא?   <u>רַבִּי אַבְרָהָם אִבְּן־עֶזְרָא</u>

<u>חַי לִפְנֵי הַרְבֵּה שָׁנִים.</u>

1 מָה רָאָה רַבִּי אַבְרָהָם בַּדֶּרֶךְ?   _____

_____

2 מַה נָתַן הָאָב לַבָּנִים שֶׁלּוֹ?   _____

_____

3 מַדּוּעַ צָעֲקוּ הָאֲנָשִׁים?   _____

_____

4 מַדּוּעַ שָׂמְחוּ הָאֲנָשִׁים?   _____

_____

5 כַּמָּה גְּמַלִּים לָקַח כָּל בֵּן?   _____

_____

C. Can you demonstrate mathematically how R. Abraham Ibn Ezra
solved the problem?

Prepositions with Pronominal (Personal) Endings

us	□ֵנוּ	me	□ִי
you (m.pl.)	□ְכֶם	you (m.s.)	□ְךָ
you (f.pl.)	□ְכֶן	you (f.s.)	□ֵךְ
them (m.)	□ֶהֵם	him, it	□וֹ
them (f.)	□ֶהֵן	her, it	□ָהַ

You have learned (Unit 6) that we can add personal endings to the preposition שֶׁל (... שֶׁלִּי, שֶׁלְּךָ, שֶׁלּוֹ). In Hebrew, these endings can be added to many prepositions. The endings tell us *who* or *what* is affected by the preposition.

He went **with me** to the store.　　　　הוּא הָלַךְ עִמִּי לַחֲנוּת.

The brother gave a present **to him.** *or*
The brother gave **him** a present.　　　　הָאָח נָתַן לוֹ מַתָּנָה

Notice that in English the word *to* might not appear.

Here are the pronominal endings added to some very useful prepositions.

with עִם	in בְּ	to לְ	of שֶׁל
עִמִּי	בִּי	לִי	שֶׁלִּי
עִמְּךָ	בְּךָ	לְךָ	שֶׁלְּךָ
עִמָּךְ	בָּךְ	לָךְ	שֶׁלָּךְ
עִמּוֹ	בּוֹ	לוֹ	שֶׁלּוֹ
עִמָּהּ	בָּהּ	לָהּ	שֶׁלָּהּ
עִמָּנוּ	בָּנוּ	לָנוּ	שֶׁלָּנוּ
עִמָּכֶם	בָּכֶם	לָכֶם	שֶׁלָּכֶם
עִמָּכֶן	בָּכֶן	לָכֶן	שֶׁלָּכֶן
עִמָּהֶם	בָּהֶם	לָהֶם	שֶׁלָּהֶם
עִמָּהֶן	בָּהֶן	לָהֶן	שֶׁלָּהֶן

תַּרְגִּילִים

A. Fill in the chart.

עִם	בְּ	לְ	Pronoun
		לִי	me
	בְּךָ		you (m.s.)
עִמָּךְ			you (f.s.)
	בּוֹ		him (it)
		לָהּ	her (it)
	בָּנוּ		us
עִמָּכֶם			you (m.pl.)
	בָּכֶן		you (f.pl.)
		לָהֶם	them (m.)
עִמָּהֶן			them (f.)

Silver tetradrachm dated to the Bar Kochba revolt. The four columns probably depict the Temple.

B. Circle the prepositional form that does not belong in each group, and be prepared to explain your reason orally.

0 שֶׁלָּכֶם (לָכֶן) עִמָּכֶם בָּכֶם

Reason: All are second person masculine plural, except לָכֶן which is the second person feminine plural.

1 שֶׁלִּי בִּי עִמִּי לוֹ

2 עִמָּהֶם שֶׁלָּהֶם לָכֶם בָּהֶם

3 לוֹ שֶׁלָּךְ בּוֹ עִמּוֹ

4 בָּנוּ לָנוּ שֶׁלָּנוּ עִמָּכֶם

5 לָךְ שֶׁלָּךְ עִמְּךָ בְּךָ

C. Write the Hebrew word which means the same as the English word.

with me

0 שָׂרָה הָלְכָה ‏_אִתִּי_‏ לָעִיר.

with her

1 יַעֲקֹב יָשַׁב _____ בַּמְּכוֹנִית.

to you (m.pl.)

2 הֵם נָתְנוּ _____ יַיִן.

to me

3 הוּא שָׁלַח _____ מַתָּנָה.

with him

4 הִיא נָסְעָה לְתֵל אָבִיב _____.

to him

5 שִׁמְעוֹן הָיָה _____ כְּבֵן.

with us

6 חַיָּה אָכְלָה אֲרוּחַת־צָהֳרַיִם _____.

to them (m.)

7 דָּן קָרָא _____ סִפּוּר.

in it (m.)

8 זֶה הָיָה שִׁעוּר טוֹב. לָמַדְתִּי _____ הַרְבֵּה דְּבָרִים חֲדָשִׁים.

in them (m.)

9 מָה אַתָּה רוֹאֶה _____?

to you (f.)

10 חַנָּה, מִי כָּתַב _____ מִכְתָּב?

D. Write the correct form of ל in each blank. Remember to look for the noun or pronoun to which the preposition refers. Circle it.

0 אֲנִי אָמַרְתִּי "תּוֹדָה" לְדָב, כִּי הוּא נָתַן ____לִי____ ____ סֵפֶר חָדָשׁ.

1 יַעֲקֹב בּוֹכֶה וְצוֹעֵק. אִמָּא אוֹמֶרֶת _____ : "שֶׁקֶט, יַעֲקֹב."

2 אֲנַחְנוּ זוֹרְקִים אֶת הַכַּדּוּר שֶׁדּוֹדָה רִבְקָה נָתְנָה _____ .

3 מִיכָאֵל רָאָה שֶׁדָּנִי וְדָוִד קָרְאוּ מִכְתָּב. "מִי כָּתַב _____ מִכְתָּב?" שָׁאַל מִיכָאֵל.

4 "לֵאָה, הַאִם הַמּוֹרֶה נָתַן _____ אֶת כָּל הַסְּפָרִים?"

5 לֵוִי וְאַהֲרֹן הָלְכוּ עִם כֶּלֶב קָטָן. אַבָּא נָתַן _____ אֶת הַכֶּלֶב.

E. Write the correct form of עם in each blank. Circle the noun or pronoun to which it refers.

0 הָאָחוֹת שֶׁלִּי הוֹלֶכֶת ____אִתִּי____ אֶל בֵּית הַסֵּפֶר.

1 רוּתִי רוֹאָה אֶת דָּוִד בָּרְחוֹב. הִיא הוֹלֶכֶת _____ לַחֲנוּת.

2 אִמָּא שׁוֹאֶלֶת: "רוּתִי, מִי הָלַךְ _____ לַחֲנוּת?"

3 אֲנַחְנוּ אוֹכְלִים אֲרוּחַת־צָהֳרַיִם. מִי רוֹצֶה לֶאֱכֹל _____ ?

4 אַבָּא רוֹאֶה שֶׁיּוֹנָתָן יוֹשֵׁב עִם יַלְדָּה. הוּא שׁוֹאֵל: "מִי יוֹשֵׁב _____ ?"

5 חַיִּים הוֹלֵךְ עִם הַחֲבֵרִים שֶׁלּוֹ אֶל הָעִיר. בָּרְחוֹב הוּא מְדַבֵּר _____ .

F. Change the marked noun into the correct form of the preposition בְּ.

0 הוּא נוֹסֵעַ בְּאוֹטוֹבּוּס ‏בּוֹ‏‏ _____ .

1 הֵם יוֹשְׁבִים בַּבַּיִת _____ .

2 הִיא נוֹסַעַת בַּמְכוֹנִית _____ .

3 הַמּוֹרָה כּוֹתֶבֶת בְּעִפָּרוֹן _____ .

4 הַיְלָדִים קוֹרְאִים בַּסְפָרִים _____ .

5 הַיְלָדוֹת כּוֹתְבוֹת בַּמַחְבָּרוֹת _____ .

An Israelite sanctuary in Arad, 9th — 8th century B.C.E. It was a small replica of the Temple of Solomon.

Possessive Sentences — ...יֵשׁ לְ

David **has** a book.	יֵשׁ לְדָוִד סֵפֶר.
Leah **has** a present.	יֵשׁ לְלֵאָה מַתָּנָה.
The teachers **have** students.	יֵשׁ לַמוֹרִים תַּלְמִידִים.
The parents **have** daughters.	יֵשׁ לַהוֹרִים בָּנוֹת.

In English, when we want to say that a person owns or possesses something, we say: He/she has, we have.

> Mike has a car.
> She has a house.
> We have a dog.

In Hebrew, there is no verb meaning *to have*. Hebrew expresses possession differently. We begin with the idea that *there is* something.

> There is a book (that belongs to David).
> There is a present (that belongs to Leah).
> There are students (who belong to the teachers).
> There are daughters (who belong to the parents).

You have learned (Unit 3) that we use the helping word יֵשׁ to say *there is, there are.*

When we add to the word יֵשׁ the preposition לְ followed by a noun, we are actually saying: *There is (to David) a book.*

David has a book.　　　　　יֵשׁ לְדָוִד סֵפֶר.

When we add to the word יֵשׁ the לְ with a pronominal suffix, we are actually saying: *There is (to me) a book.*

I have a book.　　　　　יֵשׁ לִי סֵפֶר.

Negative Possession — ...אֵין לְ

There is **no** hope.	אֵין תִּקְוָה.
There is **no** book.	אֵין סֵפֶר.

1. When we want to say something doesn't exist, we use the negative word אֵין.

2. When the word אֵין is followed by the preposition לְ and a noun, we are actually saying: *There is no book (to David)*.

    David doesn't have a book.   אֵין לְדָוִד סֵפֶר

3. When the word אֵין is followed by לְ and a pronominal suffix, we are actually saying: *There is not (to me) a book*.

    I don't have a book.   אֵין לִי סֵפֶר.

Third century synagogue at Baram, in Galilee.

Summary

1. To indicate possession we use the expression   ...יֵשׁ לְ

2. To negate possession, we use the expression   ...אֵין לְ

3. Here is a complete chart, showing the use of the **preposition** לְ **plus the pronominal ending** in **expressing possession.**

	Plural		Singular
we have	יֵשׁ לָנוּ	I have	יֵשׁ לִי
you (m.) have	יֵשׁ לָכֶם	you (m.) have	יֵשׁ לְךָ
you (f.) have	יֵשׁ לָכֶן	you (f.) have	יֵשׁ לָךְ
they (m.) have	יֵשׁ לָהֶם	he has	יֵשׁ לוֹ
they (f.) have	יֵשׁ לָהֶן	she has	יֵשׁ לָהּ

Remember: I have = *there is to me;* we have = *there is to us.*

4. We can say

	יֵשׁ לִי	*or*	לִי יֵשׁ
	אֵין לִי		לִי אֵין
	יֵשׁ לְדָוִד		לְדָוִד יֵשׁ
	אֵין לְדָוִד		לְדָוִד אֵין

Mosaic floors from synagogues at Hamat Tiberias (r.) and Bet She'an (l.).

תַּרְגִּילִים

A.   Circle the word or words in the Hebrew sentence that mean the same
     as the underlined English words.

There is a house.	0 יֵשׁ (בַּיִת.)
There is a city here.	1 יֵשׁ עִיר פֹּה.
There is no rain today.	2 אֵין גֶּשֶׁם הַיּוֹם.
David has a brother.	3 יֵשׁ לְדָוִד אָח.
We have a big family.	4 יֵשׁ לָנוּ מִשְׁפָּחָה גְּדוֹלָה.
They don't have wine.	5 אֵין לָהֶן יַיִן.
Sara has a pretty mother.	6 לְשָׂרָה יֵשׁ אֵם יָפָה.
They have a big car.	7 יֵשׁ לָהֶם מְכוֹנִית גְּדוֹלָה.
She doesn't have a little sister.	8 אֵין לָהּ אָחוֹת קְטַנָּה.
You have a big brother.	9 יֵשׁ לְךָ אָח גָּדוֹל.
He has a nice present.	10 יֵשׁ לוֹ מַתָּנָה יָפָה.

B. Rewrite each positive sentence as a negative sentence.

0 יֵשׁ לְדָוִד סֵפֶר. ‏ ‏ ‏ ‏ ‏ אֵין לְדָוִב סֵפֶר

1 יֵשׁ לָהּ חֲבֵרִים טוֹבִים. ‏ ‏ ‏ ‏ _____

2 יֵשׁ לָנוּ רֹאשׁ עִיר חָדָשׁ. ‏ ‏ ‏ ‏ _____

3 הַיּוֹם יֵשׁ חַג גָּדוֹל. ‏ ‏ ‏ ‏ _____

4 לְדָוִד שֶׁלִּי יֵשׁ שִׁבְעָה בָּנִים. ‏ ‏ ‏ ‏ _____

5 הַאִם יֵשׁ לְךָ עֶפְרוֹן? ‏ ‏ ‏ ‏ _____

Second century synagogue at Kfar Nahum on the shore of Lake Kinneret.

C. Change the underlined nouns to prepositions with pronominal endings.

0 יֵשׁ לְדָוִד סֵפֶר.   יֵשׁ __לוֹ__ סֵפֶר.

1 לַמֶּלֶךְ יֵשׁ בַּיִת גָּדוֹל.   _____ יֵשׁ בַּיִת גָּדוֹל.

2 יֵשׁ לַיְלָדוֹת הַרְבֵּה חֲבֵרִים.   יֵשׁ _____ הַרְבֵּה חֲבֵרִים.

3 אֵין לַמּוֹרֶה גִּיר.   אֵין _____ גִּיר.

4 יֵשׁ לִרְאוּבֵן וְשִׁמְעוֹן גְּמַלִּים.   יֵשׁ _____ גְּמַלִּים.

5 לָאֲנָשִׁים אֵין כֶּסֶף.   _____ אֵין כֶּסֶף.

6 אֵין סְפָרִים לְרִבְקָה, לְמִרְיָם וּלְאֶסְתֵּר.   אֵין _____ סְפָרִים.

7 יֵשׁ לִי וּלְלֵאָה שֶׁלִּי כֶּלֶב חָדָשׁ.   יֵשׁ _____ כֶּלֶב חָדָשׁ.

8 לַמִּשְׁפָּחָה יֵשׁ הַרְבֵּה דּוֹדוֹת.   _____ יֵשׁ הַרְבֵּה דּוֹדוֹת.

9 אֵין לָךְ וּלְרָחֵל כֶּסֶף הַיּוֹם.   אֵין _____ כֶּסֶף הַיּוֹם.

10 יֵשׁ לְאָח שֶׁלִּי וּלְאָח שֶׁלָּהּ אֹכֶל טוֹב.   יֵשׁ _____ אֹכֶל טוֹב.

Oil lamp, first — second century.

D. Write the Hebrew equivalent of the English words.

he has	יֵשׁ לוֹ _____ סֵפֶר.	0
I don't have	_____ זְמַן.	1
she has	_____ אָח גָּדוֹל.	2
you (m.pl.) have	_____ עֲשָׂרָה סְפָרִים.	3
they (f.) don't have	_____ תִּקְוָה.	4
we have	_____ כֶּסֶף.	5
you (f.s.) don't have	_____ מַחְבֶּרֶת הַיּוֹם?	6
they (m.) have	_____ יְלָדִים יָפִים.	7
you (m.s.) have	_____ מִשְׁפָּחָה טוֹבָה.	8
he doesn't have	_____ כֶּלֶב קָטָן.	9
we don't have	_____ שֶׁמֶן וְיַיִן.	10

Glass vessel found in
fifth century tomb.

E. Unscramble the words to make a correct sentence.

0 לוֹ סֵפֶר יֵשׁ.

_____יֵשׁ לוֹ סֵפֶר._____

1 לִירוּשָׁלַיִם הַרְבֵּה נוֹסְעִים אֲנָשִׁים.

_____

2 לַמּוֹרֶה תַּלְמִידִים יֵשׁ טוֹבִים.

_____

3 אֵין הַיֶּלֶד חָבֵר כִּי בּוֹכֶה לוֹ.

_____

4 טוֹבָה לָהֶם אֲרוּחָה יֵשׁ.

_____

5 בָּא הַדּוֹד מִיִּשְׂרָאֵל שֶׁלָּנוּ.

_____

F. Fill in the blank in each sentence with either יֵשׁ or אֵין to make a true statement about yourself.

0 עַכְשָׁו __יֵשׁ__ לִי שִׁעוּר בְּעִבְרִית.   3 _____ לִי אָח גָּדוֹל.

1 בַּבַּיִת שֶׁלִּי _____ כֶּלֶב.   4 _____ לָנוּ מְכוֹנִית גְּדוֹלָה.

2 _____ לָנוּ מִשְׁפָּחָה בְּיִשְׂרָאֵל.   5 _____ לִי הַרְבֵּה סְפָרִים.

Riddles

חִידוֹת

1 מַה יֵּשׁ לִי?

יֵשׁ לִי דָּבָר.

בַּדָּבָר יֵשׁ אָלֶף־בֵּית.

יֵשׁ בּוֹ מִלִּים, וְהוּא חָכָם.

יֵשׁ בּוֹ חַגִּים וְגַם שַׁבָּת.

יֵשׁ בּוֹ אַבְרָהָם, יִצְחָק, וְיַעֲקֹב.

אֵין בּוֹ דָּנִי, אוּרִי, אוֹ רַבִּי אַבְרָהָם אִבְּן־עֶזְרָא.

יֵשׁ בּוֹ הַרְבֵּה אֲנָשִׁים,

אֲבָל אֵין בּוֹ כְּלָבִים, חֲתוּלִים, וּגְמַלִּים.

יֵשׁ בּוֹ בֹּקֶר וְלַיְלָה.

יֵשׁ בּוֹ הַרְבֵּה תְּפִלּוֹת וּבְרָכוֹת.

אֲבָל אֵין בּוֹ סִפּוּרִים.

מַה יֵּשׁ לִי? _____

2 מַה יֵּשׁ לִי?

יֵשׁ לִי דָּבָר.

אֵין לוֹ קוֹל, אֲבָל הוּא עוֹשֶׂה רַעַשׁ.

יֵשׁ בּוֹ דֶּלֶת, אֲבָל אֵין בּוֹ חֶדֶר.

יֵשׁ בּוֹ כִּסֵּא, אֲבָל אֵין בּוֹ שֻׁלְחָן.

יֵשׁ בּוֹ רַדְיוֹ, אֲבָל אֵין בּוֹ טֶלֶוִיזְיָה.

אִם יֵשׁ לִי כֶּסֶף, הַדָּבָר נוֹסֵעַ.

אִם אֵין לִי כֶּסֶף, הַדָּבָר עוֹמֵד.

מַה יֵּשׁ לִי? _____

3 יֵשׁ לִי דָּבָר.

בַּדָּבָר הַזֶּה יֵשׁ אֹכֶל.

בַּדָּבָר הַזֶּה יֵשׁ חָלָב, לֶחֶם, וְיַיִן.

בַּדָּבָר הַזֶּה יֵשׁ גַּם בְּגָדִים וּסְפָרִים.

יֵשׁ בַּדָּבָר דֶּלֶת וְחַלּוֹנוֹת.

כַּאֲשֶׁר אַתָּה בָּא לַדָּבָר הַזֶּה יֵשׁ לְךָ כֶּסֶף.

כַּאֲשֶׁר אַתָּה יוֹצֵא, אֵין לְךָ כֶּסֶף.

מַה יֵּשׁ לִי? _____

4 מַה יֵּשׁ לִי?

יֵשׁ לִי דָּבָר וְהוּא מָלֵא דְּבָרִים טוֹבִים.

יֵשׁ בּוֹ אֲרוּחוֹת וְשִׂמְחָה.

יֵשׁ בּוֹ עֶרֶב, בֹּקֶר, וְצָהֳרַיִם.

יֵשׁ בּוֹ תְּפִלּוֹת וְשִׁירִים.

אֵין בּוֹ עֲבוֹדָה.

יֵשׁ בּוֹ יַיִן וְנֵרוֹת, וְגַם שְׁתֵּי חַלּוֹת.

מַה יֵּשׁ לִי? _____

5 אֵין לוֹ עֵינַיִם וְהוּא רוֹאֶה.

אֵין לוֹ יָדַיִם וְהוּא עוֹשֶׂה.

אֵין לוֹ אָזְנַיִם (ears) וְהוּא שׁוֹמֵעַ.

אֵין לוֹ פֶּה (mouth) וְהוּא מְדַבֵּר.

אֵין לוֹ רַגְלַיִם וְהוּא בְּכָל מָקוֹם.

_____

You will find the answers to these חִידוֹת on p. 209.

Now try to make up some חִידוֹת of your own.

_____

_____

_____

_____

_____

_____

תַּרְגִּילִים לַחֲזָרָה

A. Circle the correct preposition.

0 הַמּוֹרָה עוֹמֶדֶת עַל (לִפְנֵי) הַכִּתָּה.

1 הוּא הוֹלֵךְ לַשּׁוּק עִם מִן הַדּוֹד שֶׁלּוֹ.

2 הַתַּלְמִיד קָרָא אֶל מִן הַסֵּפֶר הַגָּדוֹל.

3 הַיֶּלֶד רָאָה אֶת הָאֹכֶל עַל אֶל הַשֻּׁלְחָן.

4 הַמִּשְׁפָּחָה הוֹלֶכֶת אֶל עַל בֵּית-הַכְּנֶסֶת כָּל שַׁבָּת.

5 מִי עוֹמֵד מִן לִפְנֵי הַלּוּחַ?

B. Write the Hebrew word that means the same as the English phrase.

English	Hebrew
in a room	0 הוּא יוֹשֵׁב _בְּחֶדֶר_ .
in the street	1 הָאֲנָשִׁים בּוֹנִים בַּיִת _____ .
for the house	2 הַיְלָדוֹת קוֹנוֹת כִּסֵּא _____ .
to students (f.)	3 שִׁמְעוֹן וּרְאוּבֵן נוֹתְנִים מַתָּנוֹת _____ .
to the students (m.)	4 דָּוִד נוֹתֵן אֹכֶל _____ .
to Israel	5 הֵם עוֹלִים _____ .
for the meal	6 אֵין לָאָב לֶחֶם _____ .
with the chalk	7 הַמּוֹרָה כּוֹתֶבֶת עַל הַלּוּחַ _____ .
with a pencil	8 אֲנִי כּוֹתֵב בַּמַּחְבֶּרֶת שֶׁלִּי _____ .
like a king	9 הוּא עָשִׁיר _____ .
to the teacher (m.)	10 אֲנַחְנוּ נוֹתְנִים סֵפֶר _____ .

C. Complete each sentence so that it describes what you see in the picture. Use one of the following prepositions in each sentence. Each preposition may be used only once.

מִן / אֶל / עַל / לִפְנֵי / עִם / עַל־יַד

0 הָעֵץ עוֹמֵד __עַל־יַד הַבַּיִת.__ _____

1 הַמְּכוֹנִית נוֹסַעַת _____

2 הַיַּלְדָּה הוֹלֶכֶת _____

3 הָאֲנָשִׁים יוֹשְׁבִים _____

4 הָאִישׁ עוֹמֵד _____

5 יֵשׁ כִּסֵּא _____

D. Circle the particle preposition מ ל כ ב in each sentence and translate the sentence.

0 הוּא יָשַׁב בַּ֫מְכוֹנִית. _He sat in a car._

1 מֹשֶׁה קָרָא מִכְתָּב מִדָּן. _____

2 הַיְלָדִים יָצְאוּ מִבֵּית-הַסֵּ֫פֶר. _____

3 הַיַּ֫יִן הָיָה כְּמַ֫יִם. _____

4 הָאָב הָלַךְ לִרְחוֹב הֶרְצֶל. _____

5 בְּיִשְׂרָאֵל הָאֲנָשִׁים מְדַבְּרִים עִבְרִית. _____

_____

This "seat of Moses" in the Chorazin synagogue (2nd–3rd century C.E.) was reserved for the teacher of the Law.

E.   Choose the correct word to complete each sentence.

הָאָחוֹת / קָנָה / חַמִּים / אֵיךְ / קָרָא / יָכוֹל / אַחַר־כָּךְ הַגַּג / מַהֵר / לְהָבִיא / גַּנָּבִים

0 _גַּנָּבִים_ לָקְחוּ אֶת הַכֶּסֶף מֵהַחֲנוּת.

1 הוּא הָלַךְ _____ הַבַּיְתָה כִּי יָרַד גֶּשֶׁם.

2 _____ אַתָּה יוֹדֵעַ שֶׁאֲנִי שָׂמֵחַ?

3 הַיֶּלֶד _____ אֹכֶל בַּשּׁוּק.

4 הֶחָתוּל עָלָה עַל _____ שֶׁל הַבַּיִת.

5 הַמּוֹרֶה _____ אֶת הַסִּפּוּר לַתַּלְמִידִים.

6 _____ הוּא שָׁאַל: "מִי יָדַע אֶת כָּל הַסִּפּוּר?"

7 עוֹשִׂים תֵּה בְּמַיִם _____.

8 אֲנִי רוֹצֶה _____ מַתָּנָה לְשׁוֹשַׁנָּה.

9 הַשֵּׁם שֶׁל _____ שֶׁלִּי רָחֵל.

10 הַדּוֹד מִנְּיוּ־יוֹרְק _____ לְדַבֵּר עִבְרִית.

Here are the answers to the חִידוֹת.

1 סִדּוּר   2 מְכוֹנִית   3 חֲנוּת   4 שַׁבָּת   5 אֱלֹהִים

F.   Write the Hebrew word that means the same as the English to its
right. Note that all words in each tower begin with the same letter.

	מ	from
	מ	who
	מ	full
	מ	king
	מ	gift
	מ	family

	ע	on
	ע	with
	ע	with him
	ע	city
	ע	ten
	ע	he stands

	שׁ	of
	שׂ	put
	שׁ	market
	שׁ	quiet
	שׁ	oil
	שׁ	black
	שׁ	she drinks

Here is an interesting story about the first translation of the Bible from Hebrew.

תַּרְגּוּם[1] הַשִּׁבְעִים

[1]Septuagint (Greek translation of the Bible)

לִפְנֵי הַרְבֵּה שָׁנִים דִּבְּרוּ יְוָנִית[1] בְּאֶרֶץ מִצְרַיִם[2]
וּבְהַרְבֵּה אֲרָצוֹת אֲחֵרוֹת. הַמֶּלֶךְ בְּאֶרֶץ מִצְרַיִם
הָיָה תַּלְמַי (Ptolemy) הַיְוָנִי[1]. הַמֶּלֶךְ הָיָה חָכָם וְאָהַב
לִקְרֹא סְפָרִים. הוּא בָּנָה סִפְרִיָּה[1] גְּדוֹלָה וְקָנָה סְפָרִים
בִּיוָנִית מִכָּל הָעוֹלָם[1].

[1]Greek [2]Egypt

[1]the Greek

[1]library

[1]world

5

יוֹם אֶחָד שָׁאַל הַמֶּלֶךְ אֶת הַסַּפְרָן[1] שֶׁלּוֹ:
"כַּמָּה סְפָרִים יֵשׁ לִי בַּסִּפְרִיָּה שֶׁלִּי?"
עָנָה הַסַּפְרָן: "תֵּשַׁע מֵאוֹת תִּשְׁעִים וַחֲמִשָּׁה[1] סְפָרִים."
צָחַק הַמֶּלֶךְ וְאָמַר: "אֲנִי רוֹצֶה עוֹד חֲמִשָּׁה סְפָרִים.
אֲנִי רוֹצֶה אֶלֶף[1] סְפָרִים בַּסִּפְרִיָּה שֶׁלִּי!"
אָמַר לוֹ הַסַּפְרָן: "שָׁמַעְתִּי שֶׁבִּירוּשָׁלַיִם
יֵשׁ סְפָרִים חֲשׁוּבִים[1].
נִכְתֹּב[1] לַכֹּהֵן[2] הַגָּדוֹל בִּירוּשָׁלַיִם."
הַמֶּלֶךְ שָׁמַע לַסַּפְרָן וְכָתַב מִכְתָּב[1] לַכֹּהֵן הַגָּדוֹל:

[1]librarian

[1]1995

[1]thousand

[1]important

[1]we will write [2]priest

[1]letter

10

לַכֹּהֵן הַגָּדוֹל בִּירוּשָׁלַיִם, שָׁלוֹם:
שָׁמַעְתִּי שֶׁיֵּשׁ לָכֶם סְפָרִים חֲשׁוּבִים בְּעִבְרִית.
אֲנִי בּוֹנֶה סִפְרִיָּה גְּדוֹלָה וְקוֹנֶה סְפָרִים
בִּיוָנִית מִכָּל הָעוֹלָם. אֵין לִי הַסְּפָרִים
הַחֲשׁוּבִים שֶׁל הַיְּהוּדִים. בְּבַקָּשָׁה לִשְׁלֹחַ[1] לִי
אֶת הַסְּפָרִים, וְגַם חֲכָמִים יְהוּדִים שֶׁיְּתַרְגְּמוּ[1]
אֶת הַסְּפָרִים.

[1]to send

[1]to translate

15

20

תּוֹדָה רַבָּה,
תַּלְמַי, מֶלֶךְ מִצְרַיִם

¹70

הַכֹּהֵן הַגָּדוֹל שָׁלַח לְמֶלֶךְ מִצְרַיִם שִׁבְעִים¹ חֲכָמִים

25

שֶׁיָּדְעוּ יְוָנִית. כַּאֲשֶׁר הַחֲכָמִים בָּאוּ לְמִצְרַיִם, הַמֶּלֶךְ

נָתַן לְכָל חָכָם חֶדֶר בְּבֵית־הַמֶּלֶךְ. הַמֶּלֶךְ אָמַר לְכָל

¹sit

חָכָם: "שֵׁב¹ בַּחֶדֶר שֶׁלְּךָ וְתַרְגֵּם אֶת כָּל הַסְּפָרִים."

יָשְׁבוּ שִׁבְעִים הַחֲכָמִים בְּבֵית־הַמֶּלֶךְ בְּמִצְרַיִם

וְתִרְגְּמוּ אֶת הַסְּפָרִים מֵעִבְרִית לִיוָנִית. כַּאֲשֶׁר גָּמְרוּ

¹brought

הַחֲכָמִים לְתַרְגֵּם, הֵם הֵבִיאוּ¹ אֶת הַתַּרְגּוּמִים לְתַלְמַי

30

הַמֶּלֶךְ. כָּל חָכָם קָרָא אֶת הַתַּרְגּוּם שֶׁלּוֹ לִפְנֵי הַמֶּלֶךְ,

¹wonderful

וְהִנֵּה דָּבָר גָּדוֹל וְנִפְלָא¹!

¹similar ²word for word

כָּל הַתַּרְגּוּמִים הָיוּ דּוֹמִים¹ מִלָּה בְּמִלָּה².

הַמֶּלֶךְ שָׂמַח שִׂמְחָה גְדוֹלָה. הוּא נָתַן לַחֲכָמִים
כֶּסֶף וְזָהָב, וְשָׁלַח אוֹתָם לִירוּשָׁלַיִם בְּכָבוֹד[1] גָּדוֹל.

[1] honor

35

הַתַּרְגּוּם הַזֶּה הָיָה הַתַּרְגּוּם הָרִאשׁוֹן שֶׁל
חֲמִשָּׁה חֻמְשֵׁי הַתּוֹרָה[1]. קָרְאוּ לַתַּרְגּוּם
"תַּרְגּוּם הַשִּׁבְעִים."
וְהָאֲנָשִׁים שֶׁיָּדְעוּ יְוָנִית יָכְלוּ לִקְרֹא אֶת הַתּוֹרָה.
כָּךְ הַתּוֹרָה הָיְתָה לְסֵפֶר חָשׁוּב בְּכָל הָעוֹלָם.

[1] five books of the Torah

מִלּוֹן

Egypt	מִצְרַיִם
priest	כֹּהֵן
letter	מִכְתָּב
to send	לִשְׁלֹחַ — שׁלח√
important	חָשׁוּב
became	הָיְתָה לְ...
world	עוֹלָם
library	סִפְרִיָּה
sit!	שֵׁב, שְׁבִי, שְׁבוּ

Writing implements used by a scribe.

Letter written on papyrus by Bar Kochba (132–135 C.E.) It opens: From Shimon to
Yeshua ben Galgolah, shalom ... The recipient of the letter was one of Bar Kochba's
army commanders.

איך לְחַלֵק את הגמלים

רבי אברהם אָבֶּן־עֶזרא חי לפני הרבה שנים. הוא היה גדול בתורה,
וגם ידע מָתֶמָטיקה.

פעם אחת, רבי אברהם הלך בדרך. הוא רכב על גמל וראה שלושה
אנשים עומדים עם הרבה גמלים. האנשים צָעָקו בכעס.

5   שאל רבי אברהם: "מה זה? מדוע אתם צועקים?"
ענה איש אחד: "אנחנו שלושה אחים, ראובן, שמעון וְלֵוִי. יש
למשפחה שלנו שבעה־עשר גמלים. אבא שלנו מת, והוא נתן גמלים
לכל בן. אבא נתן לראובן חצי מהגמלים, כי הוא הבן הראשוֹן. אבא
נתן לשמעון שליש, כי הוא הבן השני. ואבא נתן ללוי תשיעית, כי
10 הוא הבן הקטן. אבל אנחנו לא יודעים איך לחלק שבעה־עשר
גמלים."

רבי אברהם אמר: "אתם רואים — יש לי גמל אחד. אני נותן לכם
את הגמל שלי. עכשיו יש לכם שמונה־עשר גמלים. ראובן לוקח
חצי, ויש לו תשעה גמלים. שמעון לוקח שליש, ויש לו שישה
15 גמלים. לוִי לוקח תשיעית, ויש לו שני גמלים."

האנשים שמחו. עכשיו ידעו איך לחלק את הגמלים שלהם. כאשר
גמרו, ראו שגמל אחד נשאר.
שאלו: "של מי הגמל הזה?"
אמר רבי אברהם: "זה הגמל שלי!" והוא לקח את הגמל והלך
בשמחה.

חֲזָרָה

Review of Grammatical Principles

Nouns (1 יְחִידָה)

All nouns are either masculine or feminine.

The masculine noun in the singular form may end in different letters.

סִפּוּר חַג תַּלְמִיד

The feminine singular noun usually ends in הָ◌ or ת.

דּוֹדָה מְנוֹרָה כִּתָּה

דֶּלֶת מַחְבֶּרֶת בַּת

There is a distinctive plural ending for each gender.

Most masculine nouns form their plural by adding ים◌ to the singular.

סִפּוּרִים חַגִּים תַּלְמִידִים

Most feminine nouns form their plural by dropping the הָ◌ and adding וֹת◌.

דּוֹדוֹת מְנוֹרוֹת כִּתּוֹת

Definite Article (יְחִידָה 1)

There is no indefinite article in Hebrew. סֵפֶר means either *book* or
a book.

The definite article *the* is הַ, which is attached to the beginning of the
word to make the word definite.

the book   הַ + סֵפֶר = הַסֵּפֶר

Present Tense — הֹוֶה (יְחִידָה 1)

Most verbs have a three-consonant root called a שֹׁרֶשׁ. סגר – לִסְגֹּר

Each tense has a basic vowel pattern. Here is the pattern for the
present tense.

Masculine Plural		Masculine Singular	
	אֲנַחְנוּ		אֲנִי
סוֹגְרִים	אַתֶּם	סוֹגֵר	אַתָּה
	הֵם		הוּא

Feminine Plural		Feminine Singular	
	אֲנַחְנוּ		אֲנִי
סוֹגְרוֹת	אַתֶּן	סוֹגֶרֶת	אַתְּ
	הֵן		הִיא

In Hebrew there is only one form of the verb in the present tense.
The verb סוֹגֵר can be translated as *closes, is closing, does close.*

Basic Verbal Sentence (יְחִידָה 1)

In Hebrew, as in English, the verb normally follows the subject.

הַיֶּלֶד הוֹלֵךְ.
הַתַּלְמִידָה לוֹמֶדֶת.

Subject-Verb Agreement (יְחִידָה 1)

The subject and verb must agree in gender and number.

הַתַּלְמִידִים לוֹמְדִים.　　　　הַתַּלְמִיד לוֹמֵד.
הַתַּלְמִידוֹת לוֹמְדוֹת.　　　　הַתַּלְמִידָה לוֹמֶדֶת.

Personal Pronouns (יְחִידָה 2)

The personal pronouns in Hebrew are:

we	אֲנַחְנוּ	I	אֲנִי
you (m.pl.)	אַתֶּם	you (m.s.)	אַתָּה
you (f.pl.)	אַתֶּן	you (f.s.)	אַתְּ
they (m.)	הֵם	he	הוּא
they (f.)	הֵן	she	הִיא

Past Tense — עָבָר Third Person (יְחִידָה 2)

The forms of the third person, past tense are:

הֵם כָּתְבוּ.　　　　הוּא כָּתַב.
הֵן כָּתְבוּ.　　　　הִיא כָּתְבָה.

In Hebrew there is only one form of the past tense.
הוּא כָּתַב can be translated as he *wrote*, he *did write*, he *had written*, he *has written*, he *was writing*.

The third person masculine singular in the past tense — כָּתַב — is called the **base form** of the verb.

Negation (יְחִידָה 2)

To form a negative sentence, we place the word לֹא before the verb.

הַיֶּלֶד לֹא יוֹשֵׁב.   הַיֶּלֶד יוֹשֵׁב.

דִינָה לֹא לוֹמֶדֶת.   דִינָה לוֹמֶדֶת.

The Conjunction *and* וְ (יְחִידָה 2)

The conjunction *and* is expressed in Hebrew by וְ attached to the beginning of the second word of the pair.

דָן וְרוּת לוֹמְדִים.

הֵם כָּתְבוּ וְקָרְאוּ.

Verb Sentences and Noun Sentences (יְחִידָה 3)

A verb sentence has both a subject and a verb.

יַעֲקֹב כּוֹתֵב.
  v   s

רוּת אָמְרָה.
  v   s

A noun sentence has no verb — only nouns, pronouns and adjectives. This is possible because in Hebrew, there is no present tense form of the verb *to be*. The verbs *am, is,* or *are,* are understood from the context of the sentence.

When we translate a noun sentence, we have to supply the appropriate English form of the verb *to be*.

Moshe (is) a teacher.   מֹשֶׁה מוֹרֶה.

We (are) students.   אֲנַחְנוּ תַּלְמִידִים.

Demonstrative Pronouns (יְחִידָה 3)

The demonstrative pronouns in Hebrew are:

this (m.s.)	זֶה
this (f.s.)	זֹאת
these (m. or f.pl.)	אֵלֶּה

זֶה זֹאת אֵלֶּה may be used as pronouns in a noun sentence.

This (is) Joseph.	זֶה יוֹסֵף.
This (is) a notebook.	זֹאת מַחְבֶּרֶת.
These (are) boys.	אֵלֶּה יְלָדִים.
These (are) girls.	אֵלֶּה יְלָדוֹת.

יֵשׁ/אֵין (יְחִידָה 3)

יֵשׁ means *there is* or *there are*.

אֵין means *there is no* or *there are no*.

These words are placed before the noun.

There is a book.	יֵשׁ סֵפֶר.
There are no books.	אֵין סְפָרִים.

Present Tense of Verbs Ending in ה (יְחִידָה 3)

The vowel pattern for verbs that have a ה as the third letter of the שֹׁרֶשׁ is:

קנה√ – לִקְנוֹת

	אֲנַחְנוּ		אֲנִי
קוֹנִים	אַתֶּם	קוֹנֶה	אַתָּה
	הֵם		הוּא

	אֲנַחְנוּ		אֲנִי
קוֹנוֹת	אַתֶּן	קוֹנָה	אַתְּ
	הֵן		הִיא

Interrogatives (יְחִידָה 4)

Some question words in Hebrew are:

where?	אֵיפֹה	who?	מִי?
when?	מָתַי?	what?	מַה?

These are added as the first word of the sentence.

אֵיפֹה מִרְיָם?   מִי זֶה?

מָתַי אַבָּא בַּבַּיִת?   מָה אַתָּה לוֹמֵד?

We can also ask a question in Hebrew by placing the interrogative word הַאִם at the beginning of the sentence. It takes the place of verbs like *does*, *is*, and *are*, in English sentences.

הַאִם דָּן כּוֹתֵב?

הַאִם הַתַּלְמִידִים חֲכָמִים?

Use of אֶת (יְחִידָה 4)

The word אֶת is placed before a definite, direct object of the verb.

דָּן קוֹרֵא אֶת הַסֵּפֶר.

אֲנִי רוֹאֶה אֶת דָּן.

Adjectives (יְחִידָה 5)

Adjectives follow the noun they modify.

אִשָּׁה יָפָה   מוֹרֶה טוֹב

Adjectives must agree with the noun in number and gender.

תַּלְמִידִים חֲכָמִים   סֵפֶר טוֹב

תַּלְמִידוֹת חֲכָמוֹת   כִּתָּה טוֹבָה

If the noun is indefinite, the adjective must also be indefinite.

יַלְדָּה יָפָה   יֶלֶד קָטָן

If the noun is definite, the adjective must also be definite.

הַיַּלְדָּה הַיָּפָה   הַיֶּלֶד הַקָּטָן

Adjectives in Noun Sentences (יְחִידָה 5)

A noun sentence can also be formed using a noun plus an adjective.

The house (is) big.   הַבַּיִת גָדוֹל.

The girl (is) small.   הַיַלְדָה קְטַנָה.

Each is a complete sentence. In a noun sentence, the adjective does not need the definite article, even though the subject is definite.

Possession (יְחִידָה 6)

The preposition שֶׁל indicates belonging or possession.

Dan's book.   הַסֵפֶר שֶׁל דָן.

Declension of Possessive Pronouns (יְחִידָה 6)

	Plural		Singular
our, ours	שֶׁלָנוּ	my, mine	שֶׁלִי
your, yours (m.pl.)	שֶׁלָכֶם	your, yours (m.s.)	שֶׁלְךָ
your, yours (f.pl.)	שֶׁלָכֶן	your, yours (f.s.)	שֶׁלָךְ
their, theirs (m.)	שֶׁלָהֶם	his, its	שֶׁלוֹ
their, theirs (f.)	שֶׁלָהֶן	her, hers, its	שֶׁלָה

The possessive pronouns שֶׁלְךָ, שֶׁלִי ... always follow the noun.

הַכֶּלֶב שֶׁלִי.

The noun always takes the definite article הַ with the possessive pronoun.

הַמִכְתָב שֶׁלִי.

שֶׁלוֹ can mean *his* or *its* — masculine.

שֶׁלָה can mean *her(s)* or *its* — feminine.

Verbs with ח or ע as the Third Root Letter — Present Tense (יְחִידָה 6)

שמע√ – לִשְׁמֹעַ

אֲנַחְנוּ			אֲנִי
שׁוֹמְעִים	אַתֶּם	שׁוֹמֵעַ	אַתָּה
	הֵם		הוּא

אֲנַחְנוּ			אֲנִי
שׁוֹמְעוֹת	אַתֶּן	שׁוֹמַעַת	אַתְּ
	הֵן		הִיא

Past Tense — עָבָר (יְחִידָה 7)

סגר√ – לִסְגֹּר

אֲנַחְנוּ סָגַרְנוּ	אֲנִי סָגַרְתִּי
אַתֶּם סְגַרְתֶּם	אַתָּה סָגַרְתָּ
אַתֶּן סְגַרְתֶּן	אַתְּ סָגַרְתְּ
הֵם סָגְרוּ	הוּא סָגַר
הֵן סָגְרוּ	הִיא סָגְרָה

Prepositions (יְחִידָה 8)

A preposition introduces a phrase that modifies (describes) a verb or a noun.

Prepositional phrases that modify verbs are called adverbial phrases.

Sarah went to school.	שָׂרָה הָלְכָה לְבֵית-הַסֵּפֶר.
She sat with her friends.	הִיא יָשְׁבָה עִם הַחֲבֵרִים שֶׁלָּה.
Father came from the city.	אַבָּא בָּא מִן הָעִיר.

Prepositional phrases that modify nouns we call adjectival phrases.

The door of the house was large.	הַדֶּלֶת שֶׁל הַבַּיִת הָיְתָה גְּדוֹלָה.
The teacher from the kibbutz wrote a story.	הַמּוֹרָה מִן הַקִּבּוּץ כָּתַב סִפּוּר.

Particle Prepositions ב כ ל מ (8 יְחִידָה)

In Hebrew there are four prepositions that are particles (partial words). Each consists of a consonant that is attached to a noun.

in on	
at by	ב
with	
as like	כ
to	ל
from	מ

in a room	בְּחֶדֶר
at six	בְּשֵׁשׁ
on Sunday	בְּיוֹם רִאשׁוֹן
with a pencil	הוּא כּוֹתֵב בְּעִפָּרוֹן.
by (means of) car	הוּא נָסַע בִּמְכוֹנִית.
like a student	כְּתַלְמִיד
to a teacher	לְמוֹרָה
from Grandma	מִסַּבְתָּא

Particle Prepositions ב כ ל with the Definite Article ה (8 יְחִידָה)

When the particle prepositions ב כ ל precede a definite noun, the ה of the noun is dropped and the preposition takes its vowel.

in the book	בַּסֵּפֶר	בְּ + הַ = בַּ
like the student	כַּתַּלְמִיד	כְּ + הַ = כַּ
to the teacher	לַמּוֹרָה	לְ + הַ = לַ

Before a proper noun, the particle preposition is vocalized בְּ כְּ לְ מִ.

I am in Israel.	אֲנִי בְּיִשְׂרָאֵל.
I am traveling to Tel-Aviv.	אֲנִי נוֹסֵעַ לְתֵל־אָבִיב.
I sing like David.	אֲנִי שָׁר כְּדָוִד.
I am traveling from Jaffa.	אֲנִי נוֹסֵעַ מִיָּפוֹ.

Prepositions with Pronominal (Personal) Endings (יְחִידָה 9)

In Hebrew, we can add personal endings to many prepositions. The
endings tell us *who* or *what* is affected by the preposition.
Here are some frequently used prepositions with pronominal endings.

with עִם	in בְּ	to לְ	of שֶׁל
עִמִּי	בִּי	לִי	שֶׁלִּי
עִמְּךָ	בְּךָ	לְךָ	שֶׁלְּךָ
עִמָּךְ	בָּךְ	לָךְ	שֶׁלָּךְ
עִמּוֹ	בּוֹ	לוֹ	שֶׁלּוֹ
עִמָּהּ	בָּהּ	לָהּ	שֶׁלָּהּ
עִמָּנוּ	בָּנוּ	לָנוּ	שֶׁלָּנוּ
עִמָּכֶם	בָּכֶם	לָכֶם	שֶׁלָּכֶם
עִמָּכֶן	בָּכֶן	לָכֶן	שֶׁלָּכֶן
עִמָּהֶם	בָּהֶם	לָהֶם	שֶׁלָּהֶם
עִמָּהֶן	בָּהֶן	לָהֶן	שֶׁלָּהֶן

Possessive Sentences — ...יֵשׁ לְ... / אֵין לְ (יְחִידָה 9)

In order to indicate possession we use the expression   ...יֵשׁ לְ.

Sarah has food.   יֵשׁ לְשָׂרָה אֹכֶל.

In order to negate possession, we use the expression   ...אֵין לְ.

Sarah has no food.   אֵין לְשָׂרָה אֹכֶל.

When we want to say *I have, you have*, ... we use the preposition לְ
plus the personal endings.

I have food.   יֵשׁ לִי אֹכֶל.

You have food.   יֵשׁ לְךָ אֹכֶל.

	Plural		Singular
we have	יֵשׁ לָנוּ	I have	יֵשׁ לִי
you (m.pl.) have	יֵשׁ לָכֶם	you (m.s.) have	יֵשׁ לְךָ
you (f.pl.) have	יֵשׁ לָכֶן	you (f.s.) have	יֵשׁ לָךְ
they (m.) have	יֵשׁ לָהֶם	he has	יֵשׁ לוֹ
they (f.) have	יֵשׁ לָהֶן	she has	יֵשׁ לָהּ

Future Tense

Even though you have not learned the future tense yet, we are
including the pattern here, so that you may familiarize yourself with it.

<u>סגר√ — לִסְגֹּר</u>

אֲנַחְנוּ נִסְגֹּר	אֲנִי אֶסְגֹּר
אַתֶּם תִּסְגְּרוּ	אַתָּה תִּסְגֹּר
אַתֶּן תִּסְגֹּרְנָה	אַתְּ תִּסְגְּרִי
הֵם יִסְגְּרוּ	הוּא יִסְגֹּר
הֵן תִּסְגֹּרְנָה	הִיא תִּסְגֹּר

Numbers — with Feminine Nouns

אַחַת עֶשְׂרֵה	11	אַחַת	1
שְׁתֵּים עֶשְׂרֵה	12	שְׁתַּיִם (שְׁתֵּי)	2
שְׁלֹשׁ עֶשְׂרֵה	13	שָׁלֹשׁ	3
אַרְבַּע עֶשְׂרֵה	14	אַרְבַּע	4
חֲמֵשׁ עֶשְׂרֵה	15	חָמֵשׁ	5
שֵׁשׁ עֶשְׂרֵה	16	שֵׁשׁ	6
שְׁבַע עֶשְׂרֵה	17	שֶׁבַע	7
שְׁמֹנֶה עֶשְׂרֵה	18	שְׁמֹנֶה	8
תְּשַׁע עֶשְׂרֵה	19	תֵּשַׁע	9
עֶשְׂרִים	20	עֶשֶׂר	10

When numbers appear without a noun, as in counting, arithmetic, a
telephone number or an address, the feminine form is always used.

Verb Paradigms

קַל – שְׁלֵמִים

close	סגר√
to close	לִסְגֹּר

הֹוֶה Present

	אֲנִי		אֲנִי
סוֹגֶרֶת	אַתְּ	סוֹגֵר	אַתָּה
	הִיא		הוּא
	אֲנַחְנוּ		אֲנַחְנוּ
סוֹגְרוֹת	אַתֶּן	סוֹגְרִים	אַתֶּם
	הֵן		הֵם

עָבָר Past

אֲנַחְנוּ סָגַרְנוּ	אֲנִי סָגַרְתִּי
אַתֶּם סְגַרְתֶּם	אַתָּה סָגַרְתָּ
אַתֶּן סְגַרְתֶּן	אַתְּ סָגַרְתְּ
הֵם סָגְרוּ	הוּא סָגַר
הֵן סָגְרוּ	הִיא סָגְרָה

עָתִיד Future

אֲנַחְנוּ נִסְגֹּר	אֲנִי אֶסְגֹּר
אַתֶּם תִּסְגְּרוּ	אַתָּה תִּסְגֹּר
אַתֶּן תִּסְגֹּרְנָה	אַתְּ תִּסְגְּרִי
הֵם יִסְגְּרוּ	הוּא יִסְגֹּר
הֵן תִּסְגֹּרְנָה	הִיא תִּסְגֹּר

קַל – ל"ח, ל"ע ('ע or 'ח 3rd root letter)

	hear	שמע√
	to hear	לִשְׁמֹעַ

הֹוֶה Present

	אֲנִי		אֲנִי
שׁוֹמַעַת	אַתְּ	שׁוֹמֵעַ	אַתָּה
	הִיא		הוּא
	אֲנַחְנוּ		אֲנַחְנוּ
שׁוֹמְעוֹת	אַתֶּן	שׁוֹמְעִים	אַתֶּם
	הֵן		הֵם

קַל – ל"ה ('ה 3rd root letter)

	buy	קנה√
	to buy	לִקְנוֹת

הֹוֶה Present

	אֲנִי		אֲנִי
קוֹנָה	אַתְּ	קוֹנֶה	אַתָּה
	הִיא		הוּא
	אֲנַחְנוּ		אֲנַחְנוּ
קוֹנוֹת	אַתֶּן	קוֹנִים	אַתֶּם
	הֵן		הֵם

Days of the Week

Sunday	יוֹם רִאשׁוֹן
Monday	יוֹם שֵׁנִי
Tuesday	יוֹם שְׁלִישִׁי
Wednesday	יוֹם רְבִיעִי
Thursday	יוֹם חֲמִישִׁי
Friday	יוֹם שִׁשִּׁי
Saturday	שַׁבָּת

The caves at Qumran were the hiding places for the Dead Sea Scrolls.

It is assumed that the student has already mastered a **basic Hebrew vocabulary** before beginning this text. The following words, therefore, do not appear in the vocabulary lists of each unit, but are used in the reading selections and exercises.

please	בְּבַקָשָׁה	father	אַבָּא
Come!	בּוֹא, בּוֹאִי, בּוֹאוּ	master, Mr.	אָדוֹן
house	בַּיִת	eats	אוֹכֵל, אוֹכֶלֶת
synagogue	בֵּית-כְּנֶסֶת	there is no, none	אֵין
school	בֵּית-סֵפֶר	where	אֵיפֹה
son	בֵּן	man, person	אִישׁ
morning	בֹּקֶר	God	אֱלֹהִים
blessing	בְּרָכָה	to	אֶל
Bar Mitzvah	בַּר	alphabet	אָלֶף-בֵּית
Bat Mitzvah	בַּת } מִצְוָה	mother	אִמָּא
daughter	בַּת	says	אוֹמֵר, אוֹמֶרֶת
		we	אֲנַחְנוּ
big, large	גָּדוֹל, גְדוֹלָה	I	אֲנִי
chalk	גִּיר	Land of Israel	אֶרֶץ יִשְׂרָאֵל
also too	גַּם	woman	אִשָּׁה
garden	גַּן	you (f.s.)	אַתְּ
		you (m.s.)	אַתָּה
door	דֶּלֶת	you (m.pl.)	אַתֶּם
		you (f.pl.)	אַתֶּן
he, she	הוּא, הִיא		
goes	הוֹלֵךְ, הוֹלֶכֶת, הוֹלְכִים	in	בְּ... בַּ...
was	הָיָה	comes	בָּא, בָּאָה, בָּאִים

English	Hebrew
today	הַיּוֹם
they (m., f.)	הֵם, הֵן
here	הִנֵּה
and	וְ...
this (f.)	זֹאת
this (m.)	זֶה
friend (m., f.)	חָבֵר, חֲבֵרָה
holiday	חַג
room	חֶדֶר
cantor	חַזָּן
hallah	חַלָּה
window	חַלּוֹן
Hanukkah	חֲנֻכָּה
Tu B'Shvat	ט"ו בִּשְׁבָט
good	טוֹב, טוֹבָה, טוֹבִים
prayer shawl	טַלִּית
hand	יָד
knows	יוֹדֵעַ, יוֹדַעַת, יוֹדְעִים
day	יוֹם
Yom Kippur	יוֹם כִּפּוּר
sits	יוֹשֵׁב, יוֹשֶׁבֶת, יוֹשְׁבִים
wine	יַיִן
boy, girl	יֶלֶד, יַלְדָּה
children	יְלָדִים
nice, pretty	יָפֶה, יָפָה
Jerusalem	יְרוּשָׁלַיִם
there is, has	יֵשׁ
I have	יֵשׁ לִי
Israel	יִשְׂרָאֵל
because	כִּי
every, all	כָּל
dog	כֶּלֶב
yes	כֵּן
chair	כִּסֵּא
money	כֶּסֶף
skullcap	כִּפָּה
classroom	כִּתָּה

English	Hebrew
to	ל... ל...
no	לֹא
See you!	לְהִתְרָאוֹת
blackboard	לוּחַ
learns, studies	לוֹמֵד, לוֹמֶדֶת, לוֹמְדִים
takes	לוֹקֵחַ, לוֹקַחַת
before	לִפְנֵי
very	מְאֹד
talks	מְדַבֵּר, מְדַבֶּרֶת, מְדַבְּרִים
what	מַה
teacher	מוֹרֶה, מוֹרָה
notebook	מַחְבֶּרֶת
mezuzah	מְזוּזָה
Congratulations!	מַזָּל טוֹב
who	מִי
water	מַיִם
king, queen	מֶלֶךְ, מַלְכָּה
from	מִן
menorah	מְנוֹרָה
matzah	מַצָּה
commandment	מִצְוָה
family	מִשְׁפָּחָה
gives	נוֹתֵן, נוֹתֶנֶת, נוֹתְנִים
correct	נָכוֹן
candle(s)	נֵר, נֵרוֹת
prayerbook	סִדּוּר
sukkah	סֻכָּה
Sukkot	סֻכּוֹת
story	סִפּוּר
book	סֵפֶר
Hebrew	עִבְרִית
stands	עוֹמֵד, עוֹמֶדֶת, עוֹמְדִים
on	עַל
with	עִם
pencil	עִפָּרוֹן
tree	עֵץ
evening	עֶרֶב
here	פֹּה
Purim	פּוּרִים
Passover	פֶּסַח

English	עברית	English	עברית
song	שִׁיר	charity	צְדָקָה
belonging to, mine	שֶׁל, שֶׁלִּי	Kiddush	קִדּוּשׁ
hello, goodbye, peace	שָׁלוֹם	Stand up!	קוּם, קוּמִי, קוּמוּ
table	שֻׁלְחָן	small	קָטָן, קְטַנָּה
name, my name	שֵׁם, שְׁמִי		
Happy New Year!	שָׁנָה טוֹבָה	head	ראשׁ
quiet	שֶׁקֶט	Rosh Hashanah	ראשׁ הַשָּׁנָה
		rabbi	רַב, רַבִּי
thank you	תּוֹדָה	sees	רוֹאֶה, רוֹאָה
Torah	תּוֹרָה	wants	רוֹצֶה, רוֹצָה
pupil	תַּלְמִיד, תַּלְמִידָה	bad	רַע, רָעָה, רָעִים
pupils	תַּלְמִידִים, תַּלְמִידוֹת		
prayer	תְּפִלָּה	question	שְׁאֵלָה
		week	שָׁבוּעַ
numbers	מִסְפָּרִים	Shavuot	שָׁבוּעוֹת
one	אַחַת	Sabbath	שַׁבָּת
two	שְׁתַּיִם	A good Sabbath!	שַׁבָּת שָׁלוֹם
three	שָׁלשׁ	hears	שׁוֹמֵעַ, שׁוֹמַעַת, שׁוֹמְעִים
four	אַרְבַּע	shofar	שׁוֹפָר
five	חָמֵשׁ		

Here is a list of all the words learned in Units 1–9. Most of the words are from the מִלּוֹן section that follows each reading selection. Others have been introduced in the grammar explanations or in the exercises.

The number alongside the word indicates the unit where it *first* appears.

Nouns are listed in their singular form; **adjectives** in their masculine, singular form.

Verbs appear in the present tense, masculine singular form, and in the base form (past tense, third person masculine singular).

If a verb appears in a reading selection or elsewhere in the infinitive form (לִרְאוֹת, לָלֶכֶת), it will appear here in that form.

מִלּוֹן לְשָׁלָב א׳

UNIT			UNIT		**א**
3	people, men	אֲנָשִׁים	4	father	אָב
6	lunch	אֲרוּחַת צָהֳרַיִם	3	spring	אָבִיב
8	closet	אָרוֹן	1	but	אֲבָל
3	ground, land	אֶרֶץ	7	sir	אֲדוֹנִי
7	fire (f.)	אֵשׁ	3	liked	אָהַב
2	yesterday	אֶתְמוֹל	5	or	אוֹ
			3	likes, loves	אוֹהֵב
			2	perhaps	אוּלַי
		ב	8	him	אוֹתוֹ
			6	brother	אָח
1,8	in, on, at, by, with	בְּ...	6	sister	אָחוֹת
7	really, truly	בֶּאֱמֶת	8	another	אַחֵר
4	clothing	בֶּגֶד	8	after	אַחֲרֵי
9	on the way	בַּדֶּרֶךְ	8	afterwards	אַחַר־כָּךְ
9	in her	בָּהּ	7	how	אֵיךְ
9	in them (m.)	בָּהֶם	3	there is (are) no	אֵין
9	in them (f.)	בָּהֶן	4	food	אֹכֶל
9	in him	בּוֹ	8	to	אֶל
3	cries	בּוֹכֶה	3	these	אֵלֶּה
3	builds	בּוֹנֶה	4	mother	אֵם
3	outside	בַּחוּץ	3	if	אִם
			7	true, truth	אֱמֶת

UNIT   **ה**

2	home, homewards	הַבַּיְתָה
7	parents	הוֹרִים
5	was (m., f.)	הָיָה, הָיְתָה
9	became	הָיְתָה לְ...
4	everything	הַכֹּל
3	mountain	הַר
3	much, many	הַרְבֵּה

ז

5	gold	זָהָב
4	throws	זוֹרֵק
5	old	זָקֵן
4	threw	זָרַק

ח

1	new	חָדָשׁ
4	returns	חוֹזֵר
2	sick	חוֹלֶה
2	thinks	חוֹשֵׁב
4	returned	חָזַר
1	smart, wise	חָכָם
4	milk	חָלָב
3	hot	חַם
5	butter	חֶמְאָה
4	store	חֲנוּת
8	half	חֲצִי
3	winter	חֹרֶף
2	thought	חָשַׁב
9	important	חָשׁוּב
7	cat	חָתוּל

י

4	Jew, Jewish	יְהוּדִי
3	comes down	יוֹרֵד
6	together	יַחַד
5	wine	יַיִן
6	able, can	יָכוֹל
3	sea	יָם
8	went out	יָצָא

UNIT

9	in me	בִּי
8	between, among	בֵּין
5	egg	בֵּיצָה
9	in you (m.s.)	בְּךָ
9	in you (f.s.)	בָּךְ
3	cried	בָּכָה
3	everywhere	בְּכָל מָקוֹם
9	in you (m.pl.)	בָּכֶם
9	in you (f.pl.)	בָּכֶן
9	angrily	בְּכַעַס
7	cousin	בֶּן־דּוֹד
3	built	בָּנָה
9	in us	בָּנוּ
5	banana	בָּנָנָה
2	O.K. (in order)	בְּסֵדֶר
4	loudly	בְּקוֹל
7	asked, requested	בִּקֵּשׁ
6	on foot	בְּרֶגֶל
4	meat	בָּשָׂר
1	daughter(s)	בַּת, בָּנוֹת

ג

5	cheese	גְּבִינָה
7	Mrs., lady, Ms.	גְּבֶרֶת
7	roof	גַּג
4	finishes	גּוֹמֵר
2	chalk	גִּיר
5	ice cream	גְּלִידָה
9	camel	גָּמָל
4	finished	גָּמַר
8	thief	גַּנָּב
8	stole	גָּנַב
4	live, lived	גָּר
3	rain	גֶּשֶׁם

ד

4	thing	דָּבָר
5	spoke	דִּבֵּר
5	fish	דָּג
1,6	uncle, aunt	דּוֹד, דּוֹדָה
9	road, way (f.)	דֶּרֶךְ

UNIT

9	to you (m.pl.)	לָכֶם
9	to you (f.pl.)	לָכֶן
3	to go	לָלֶכֶת
5	to sell	לִמְכֹּר
9	to us	לָנוּ
3	to travel	לִנְסֹעַ
5	to do	לַעֲשׂוֹת
2	in front of, before	לִפְנֵי
2	took	לָקַח
5	to buy	לִקְנוֹת
3	to see	לִרְאוֹת
6	to play	לְשַׂחֵק
5	to put	לָשִׂים
9	to send	לִשְׁלֹחַ

מ

3	from	מ...
4	hundred(s)	מֵאָה, מֵאוֹת
8	looks at	מַבִּיט
4	understands	מֵבִין
1	why?	מַדּוּעַ
7	what happened?	מֶה קָרָה
3	how are you? (m.)	מַה שְׁלוֹמְךָ
3	how are you? (f.)	מַה שְׁלוֹמֵךְ
6	quickly	מַהֵר
6	luck	מַזָּל
1	tomorrow	מָחָר
8	bed	מִטָּה
7	immediately	מִיָּד
5	juice	מִיץ
6	car	מְכוֹנִית
8	sold	מָכַר
9	letter	מִכְתָּב
2	word	מִלָּה
8	from	מִן
7	number	מִסְפָּר
7	tells	מְסַפֵּר
3	a little	מְעַט
8	found	מָצָא
9	Egypt	מִצְרַיִם
3	place	מָקוֹם
6	plays (a game)	מְשַׂחֵק
8	judgment, trial	מִשְׁפָּט
5	dies, dead	מֵת

UNIT

3	came down	יָרַד
3	moon	יָרֵחַ
5	vegetables	יְרָקוֹת
3	there is (are)	יֵשׁ
1	I have	יֵשׁ לִי
1	sat	יָשַׁב
2	asleep	יָשֵׁן

כ

8	as, like	כְּ...
7	here	כָּאן
5	when (conj.)	כַּאֲשֶׁר
6	ball	כַּדּוּר
9	priest	כֹּהֵן
3	star	כּוֹכָב
4	angry	כּוֹעֵס
1	write	כּוֹתֵב
2	everyone	כָּל אֶחָד
5	how much, how many	כַּמָּה
5,6	silver, money	כֶּסֶף
4	was angry	כָּעַס
9	anger	כַּעַס
1	wrote	כָּתַב

ל

8	to	לְ...
6	to eat	לֶאֱכֹל
5	heart	לֵב
4	to speak	לְדַבֵּר
9	to her	לָהּ
8	to bring	לְהָבִיא
4	to be	לִהְיוֹת
9	to them (m.)	לָהֶם
9	to them (f.)	לָהֶן
3	I'll be seeing you!	לְהִתְרָאוֹת
5	to him	לוֹ
4	bread	לֶחֶם
5	to me	לִי
3	night	לַיְלָה
6	go!	לֵךְ!
9	to you (f.s.)	לָךְ
9	to you (m.s.)	לְךָ

UNIT		
3	went up	עָלָה
1	next to, near	עַל-יַד
1	with	עִם
2	stood	עָמַד
9	with her	עִמָּהּ
9	with them (m.)	עִמָּהֶם
9	with them (f.)	עִמָּהֶן
9	with him	עִמּוֹ
9	with me	עִמִּי
9	with you (m.s.)	עִמְּךָ
9	with you (f.s.)	עִמָּךְ
9	with you (m.pl.)	עִמָּכֶם
9	with you (f.pl.)	עִמָּכֶן
9	with us	עִמָּנוּ
5	grapes	עֲנָבִים
3	answered	עָנָה
5	poor	עָנִי
3	cloud	עָנָן
3	did	עָשָׂה
5	rich	עָשִׁיר
4	ten (f., m.)	עֶשֶׂר, עֲשָׂרָה
8	twenty	עֶשְׂרִים

פ

5	met	פָּגַשׁ
5	meets	פּוֹגֵשׁ
6	opens	פּוֹתֵחַ
5	once	פַּעַם, פַּעַם אַחַת
5	fruit	פְּרִי, פֵּרוֹת
6	suddenly	פִּתְאוֹם
5	opened	פָּתַח

צ

7	righteous	צַדִּיק
5	laughs	צוֹחֵק
2	shouts	צוֹעֵק
5	laughed	צָחַק
2	shouted, yelled	צָעַק
3	must	צָרִיךְ

ק

4	voice	קוֹל

UNIT		
4	when	מָתַי
5	gift	מַתָּנָה

נ

3	travels	נוֹסֵעַ
3	travelled	נָסַע
3	pleasant	נָעִים
2,7	fell (s., pl.)	נָפַל, נָפְלוּ
4	candle(s)	נֵר, נֵרוֹת
8	women	נָשִׁים

ס

7	grandfather	סָבָא
7	grandmother	סָבְתָא
3	closes	סוֹגֵר
6	forgives	סוֹלֵחַ
5	basket	סַל
5	forgave	סָלַח
4	excuse me	סְלִיחָה
7	told	סִפֵּר
9	library	סִפְרִיָּה
3	autumn	סְתָו

ע

4	worked	עָבַד
8	servant, slave	עֶבֶד
4	works	עוֹבֵד
5	cake	עוּגָה
5	cookies	עוּגִיּוֹת
3	more	עוֹד
3	goes up	עוֹלֶה
9	world	עוֹלָם
3	answers	עוֹנֶה, עוֹנָה
3	season	עוֹנָה
3	seasons of the year	עוֹנוֹת הַשָּׁנָה
5	chicken	עוֹף
3	does	עוֹשֶׂה
2	pen	עֵט
5	city	עִיר
2	now	עַכְשָׁו
5	about, on	עַל

UNIT			UNIT		
4	market	שׁוּק	3	buys	קוֹנֶה
3	drinks	שׁוֹתָה	1	reads, calls	קוֹרֵא
8	black	שָׁחוֹר	3	summer	קַיִץ
3	snow	שֶׁלֶג	8	wall	קִיר
6	her(s)	שֶׁלָּה	2	stands up	קָם
5	their(s) (m.)	שֶׁלָּהֶם	3	bought	קָנָה
6	their(s) (f.)	שֶׁלָּהֶן	5	coffee	קָפֶה
4	his	שֶׁלּוֹ	7	jumped	קָפַץ
6	sent	שָׁלַח	3	cold	קַר
1	my, mine	שֶׁלִּי	2,3	read, called	קָרָא
1	your(s) (m.s.)	שֶׁלְּךָ	7	happened	קָרָה
6	your(s) (f.s.)	שֶׁלָּךְ	3	cool	קָרִיר
6	your(s) (m.pl.)	שֶׁלָּכֶם			
6	your(s) (f.pl.)	שֶׁלָּכֶן			
6	our(s)	שֶׁלָּנוּ			**ר**
9	eighteen	שְׁמוֹנָה־עָשָׂר			
3	sky	שָׁמַיִם	3	saw	רָאָה
8	oil	שֶׁמֶן	8,9	first (m., f.)	רִאשׁוֹן, רִאשׁוֹנָה
3	sun	שֶׁמֶשׁ	6	foot, feet	רֶגֶל, רַגְלַיִם
1,8	year(s) (f.)	שָׁנָה, שָׁנִים	2	moment	רֶגַע
8,9	second (m., f.)	שֵׁנִי, שְׁנִיָּה	3	sees	רוֹאֶה
2	lesson	שִׁעוּר	3	wind	רוּחַ
3	drank	שָׁתָה	3	wants	רוֹצֶה
			3	street	רְחוֹב
			9	rode	רָכַב
		שׂ	2	noise	רַעַשׁ
			3	wanted	רָצָה
6	played (a game)	שִׂחֵק	3	only	רַק
5	put	שָׂם	7	evil	רָשָׁע
2	happy	שָׂמֵחַ, שְׂמֵחָה			
5	joyful occasion	שִׂמְחָה			
					שׁ
		ת			
			5	that	שֶׁ...
5	tea	תֵּה	1	asked	שָׁאַל
8	under	תַּחַת	9	sit! (m., f., pl.)	שֵׁב, שְׁבִי, שְׁבוּ
6	always	תָּמִיד	7	broke	שָׁבַר
3	give!	תֵּן	9	seventeen	שִׁבְעָה־עָשָׂר
5	orange	תַּפּוּז	1	asks	שׁוֹאֵל
5	apple	תַּפּוּחַ	8	policeman	שׁוֹטֵר
5	potato	תַּפּוּחַ־אֲדָמָה	6	sends	שׁוֹלֵחַ
9	hope	תִּקְוָה	8	judge	שׁוֹפֵט

Glossary

The following culture-associated words have been used in the exercises of this book without translation or explanation.

אַבְרָהָם אָבִינוּ	Our father Abraham; the first of the three patriarchs — the others being Isaac and Jacob.
אֱלֹהִים	The Hebrew term for God.
אֶסְתֵּר הַמַּלְכָּה	Queen Esther, who saved the Jews of Persia from annihilation, as told in the biblical Book of Esther.
אֶרֶץ יִשְׂרָאֵל	The land of Israel; a geographical and theological — rather than political — concept.
בֵּית-הַכְּנֶסֶת	Synagogue; literally: house of assembly. The synagogue has traditionally served as a place for worship, a place for study, and the center of Jewish community activity. (The parliament of Israel is called the כְּנֶסֶת.)
בַּר-מִצְוָה	Literally: son of the commandment. On reaching the age of thirteen, a boy is considered sufficiently mature to be held morally accountable for his actions. The term בַּר-מִצְוָה refers both to the boy, and to the religious ceremony marking his passage into manhood. Similarly, girls become בַּת-מִצְוָה, a daughter of the commandment.

בְּרָכָה	A blessing. Various occasions require the recitation of specially prescribed בְּרָכוֹת.
הַמּוֹצִיא לֶחֶם מִן הָאָרֶץ	"... who brings forth bread from the earth." The end of the blessing recited before eating a piece of bread at the beginning of a meal, acknowledging God as the source of our sustenance.
חַג שָׂמֵחַ	Happy holiday! Greeting offered on all Jewish holidays (חַג, חַגִּים).
חַזָּן	Cantor; the leader who chants the liturgical portions of the synagogue service.
חַלָּה, חַלּוֹת	Special bread for the Sabbath, usually braided.
חֲנֻכָּה	Feast of Lights; the eight-day festival (usually falling in December) which commemorates the rededication of the Temple in Jerusalem after the victory over the Syrian Greeks in 165 B.C.E.
טַלִּית	Prayer-shawl with specially knotted fringes at the four corners, traditionally worn by males while praying.
יוֹם כִּפּוּר	Day of Atonement; the most solemn day of the Jewish calendar, marked by fasting, prayer, and soul-searching.
כִּפָּה	Small skullcap worn by males while praying or reading sacred Jewish texts. It is frequently called by the Yiddish term *yarmulke*. Very traditional Jews keep their heads covered at all times.
מְזוּזָה	Small container attached to the doorpost of a Jewish home. It contains parchment with hand-written verses from Deuteronomy, in literal fulfillment of the biblical injunction "and thou shalt write them upon the doorposts of thy house. ..." (Deuteronomy 6:9).
מַזָּל טוֹב	Congratulations! Literally: good luck.
מְנוֹרָה	Seven-branched candelabrum which is one of the oldest symbols of Judaism. (It also appears, surrounded by olive branches, on the official seal of the State of Israel.) The Ḥanukkah menorah has nine branches.

מַצָּה   Unleavened bread eaten on the Festival of Passover.

סִדּוּר   Daily and Sabbath prayerbook.

סֻכּוֹת   Fall harvest festival named for the סֻכָּה or hut in which the workers lived during the gathering of the harvest. Today, during the festival (seven days), it is customary to build a סֻכָּה and eat one's meals in it.

פִּתָּה   Flat "pocket" bread that is eaten in Israel and throughout the Middle East.

פָלָפֶל   Small fried vegetable balls made of ground chick peas and spices, that are stuffed into a פִּתָּה, covered with salad and a mild or hot sauce — making a popular Israeli sandwich.

צְדָקָה   Literally: righteousness; it has come to mean acts of righteousness or charity.

קִבּוּץ   Israeli collective settlement based on agriculture and, in recent years, on light industry.

קִדּוּשׁ   Special blessing sanctifying the Sabbath or a festival. It is usually recited before the meal, over a cup of wine.

רֹאשׁ הַשָּׁנָה   The holiday marking the New Year in the Jewish calendar; usually falls in September.

שַׁבָּת שָׁלוֹם   Traditional greeting offered on the Sabbath; literally: a Sabbath of peace.

שׁוֹפָר   The ram's horn sounded in the synagogue on Rosh Hashanah and at the close of Yom Kippur.

שָׁלוֹם   The Hebrew greeting equivalent to "hello" and "goodbye"; literally: peace.

שָׂרָה אִמֵּנוּ   Our mother Sarah; the first of the four matriarchs — the others are Rebecca, Leah and Rachel.

תּוֹרָה   The first Five Books of the Bible (known also as the Books of Moses), which are inscribed on a parchment scroll and kept in the Ark in the synagogue. By extension, תּוֹרָה can also mean all the Bible, and is sometimes applied to Jewish religious study in general.

Canaanite pottery from the period of the patriarchs.

Index